0~1세
아기 교육

0~1세
아기 교육

머리 좋은 아이로 키우는
구보타 할머니의
뇌과학 육아 비법

교토대학명예교수·의학박사
구보타 기소
뇌과학 할머니
구보타 가요코
옮김 **송지현**

북뱅크

시작하는 말

— 부모도 아기도 만족하는 새로운 육아,
'0세에서 1세까지 아기 교육'의 세계로

이 책은 태어나서 두 다리로 서기 시작할 무렵의 아기, 즉 0세에서 만 1세까지를 대상으로 한 특별한 육아법을 소개하고 있습니다.

빠르게 성장하고 발달하는 아기의 뇌 발달 시기에 맞춰 무엇을 주고 무엇을 하게 하면 좋을지, 두뇌 연구 최첨단에 서 있는 전문가로서의 지식과 실제로 아이를 키워본 경험을 토대로 이 책을 썼습니다.

0세부터 뇌에 자극을 주는 '구보타 메소드'를 통해 약 20년 동안 3000명이 넘는 아기들의 뇌 활성화에 도움을 주었습니다.

이 방법을 활용하면 공부를 잘하면서도 심성이 튼튼한 아이로 자라날 수 있습니다.

원래 이 책은 1983년 7월에 간행되어 베스트셀러가 되었습니다(그 후 절판). 국회도서관에서는 대출수가 많아 책이 너덜너덜해지는 바람에 빌릴 수 없게 되었고, 아마존 중고서점에서는 1만 엔을 넘는 고가에 거래되기도 했습니다.

2009년에 몇몇 텔레비전 프로그램 '나가이 마사히로 금요일의 스마들에게(TBS)'와 '에치카의 거울(후지TV)'에 출연한 후 구보타 가요코가 '뇌과학 아줌마'로 널리 알려지게 되었는데, 그 기초와 원점이라고 할 수 있는 책이 바로 『0~1세 아기 교육』입니다.

이 책은 의사와 어린이집 및 유치원 관계자, 육아에 종사하는 각 방면의 선생님들로부터 높은 평가를 받았습니다. 유명 육아서 인 『유치원에서는 너무 늦다』의 저자이자 소니의 창업자인 이부 카 마사루(1908~1997) 씨도 그 중 한 사람이지요.

일반 주부를 위해 쓴 책이 뜻밖에도 부모뿐 아니라 그 방면의 전문가들로부터도 지지를 받아 기뻤습니다.

어쩌면 독자 여러분 가운데에는 '32년 전 책이 요즘 육아에 무슨 도움이 되나?'라고 생각하시는 분도 있을 겁니다.

그러나 지금 다시 읽어보아도 저희가 호소해온 전통 육아법에 대한 신념과 유효성에 대한 믿음은 흔들리지 않습니다. 오히려 날이 갈수록 그 중요성을 절실히 느끼고 있지요.

부디 이 책에서 소개하는 육아법을 그대로 해보시기 바랍니다.

간행에 맞춰 대폭 가필하고 수정했으며 **뇌과학 데이터를 업데**

이트했습니다. 육아로 고민하는 부모들이 넘치는 지금, 오히려 더 자신을 가지고 권할 수 있습니다.

막 태어난 아기는 말 그대로 '연약한 존재'여서 혼자 살아갈 수 없습니다. 가족, 특히 엄마의 보호가 필요합니다.

보호자는 신체의 성장에 필요한 음식을 주고 대소변을 처리하며 아기의 생명을 위험으로부터 지켜야 합니다. 필요한 영양이 채워지면 아기의 몸은 매일매일 성장하고 자라납니다.

뇌 역시 그에 맞춰 자라나지요.

이 시기에 아기가 근육을 사용하도록 눈, 귀, 피부 등에 있는 감각기관을 자극하면, 뇌 속에서는 신경세포에 연결된 신경회로가 생겨납니다.

아기가 성장할 때 어떤 시기에 어떤 자극을 주느냐가 뇌내 신경회로의 발생에 차이를 만들어내고, 그에 따라 아기의 반응도 달라집니다.

이 책은 아기를 지키는 보호자인 엄마가 **아기의 능력을 무한히 끌어낼 수 있도록 도와주는 육아서**입니다. 그를 위해 어떤 시기에 무엇을 하면 좋을지 구체적으로 설명했습니다.

다시 말하면 이 책은 '**아기 교육**'에 관해 이야기합니다. 이해를 돕기 위해 일러스트도 풍부하게 넣었습니다.

또한 아기의 성장과 발달을 **다섯 시기**로 나누어 각 시기마다 총론을 마련했고, 실천편에서는 구체적인 육아법을 설명합니다.

저희 역시 아이를 키우면서 육아 고민에 빠진 어머니들과 소통해 왔습니다. 엄마들의 목소리에 우리들의 경험과 학문적 성과를 더해 이 책을 완성했습니다.

저희는 두 아이를 키웠습니다. 한편으로는 이웃이나 친구들이 아이를 키우는 모습을 보면서, 왜 저렇게 고생스럽게 아이를 키우지? 저렇게 하면 아이가 뇌를 안 쓰고, 뇌도 활동하지 않게 될 텐데, 하는 안타까움이 컸습니다.

이 책에서 추천하는 방법으로 뇌가 가진 가능성을 몇 퍼센트나 끌어낼 수 있는지 구체적인 수치로 말하기는 어렵습니다. 하지만 엄마가 최선을 다해 노력한다면 100퍼센트에 가까워질 것이고, 생각처럼 안 됐더라도 70퍼센트는 끌어낼 수 있지 않을까요?

아기를 키우며, 아기가 가진 뇌의 가능성을 70퍼센트나 개발해 주는 부모는 인구의 0.5퍼센트도 안 될 것입니다.

뇌의 표면도와 그 역할

운동전야
(운동 프로그램)

운동야
(운동의 지령)

중심구

피부감각야

운동성언어야

두정엽

전두엽

두정연합야
(신체공간의
이해 · 감각의
총합)

전두전야
(행동 프로그램
사고 의욕 적극성
창조성)

후두엽

상측두회
(청각의 기억
언어의 이해)

소뇌

시각야
(시각)

측두엽

하측두회
(시각의 기억)

이 숫자는 엄밀히 조사한 결과는 아니지만 저희가 만나온 사람들의 육아법을 보고 받은 인상을 대략적인 수치로 나타낸 것입니다.

'머리가 좋다'나 '머리가 나쁘다'라는 말은 쉽게 쓰면서 무엇이 좋고 나쁜 것인지를 결정하는 좋은 방법은 아직 없습니다. 지능검사가 있지만 말을 사용해 질문하고 대답하는 방식인 만큼 아직 말을 하지 못하는 0세 아기에게는 쓸 수 없지요.

지능검사에는 창조성을 테스트하는 것, 읽고 쓰는 능력을 테스트하는 것 등 다양한 종류가 있습니다.

지능검사는 뇌내 작용의 한 부분을 측정합니다. 그러나 지능지수(지능검사로 산출한 성적을 해당 연령대 평균을 100으로 잡고 환산한 수치)가 높다고 해서 머리가 좋다고 단언할 수는 없습니다. 지능검사 성적이 그 나이대 평균보다 좋다는 것뿐이지요.

'머리가 좋다'는 것은 다음과 같은 일이 가능하다는 말입니다.

일상생활에서 다양한 문제에 직면했을 때, 그 문제가 어떤 것인지 고민해서 **그 본질을 파악하고 문제의 해결법을 여러 방면으로 생각해서 그 중 하나를 골라 문제를 바르게 해결할 수 있는가.**

문제를 바르고 유효하게 해결할 수 있는 사람이 '머리가 좋은' 사람이고, 해결할 수 없는 사람이 '머리가 나쁜' 사람입니다.

문제 해결 능력이 바로 지적 능력이고, 그 능력은 주로 대뇌피질 전두엽의 전두전야가 활동할 때입니다. 전두전야는 이마 바로 뒤에 있습니다.

두 발로 걸을 수 있게 되면 드디어 전두전야가 활동을 시작해서 간단한 문제를 해결하고 새로운 해결법을 익혀가게 됩니다.

이 책에서 구체적으로 설명할 습관이 몸에 밴 아기는 학교 공부도 잘 해낼 수 있는 아이로 크리라고 확신합니다.

이 책에서 소개한 방법을 실제 육아에 적용한다면 그 아기는 빠른 시일 내에 **'연약한 존재'**에서 **'자립할 수 있는 존재'**가 될 것입니다.

지정의(知情意) 모든 면에서 '강한' 사람으로 자라나는 거지요.

태어난 그날부터 아기의 능력을 최대한 끌어내는 육아를 하면 어떨까요?

자극을 주어 반사를 일으키고, 그 다음에는 자극에 대한 반응(운동, 행동)을 끌어내, 스스로 문제를 생각하고 해결법을 찾아서 적극적으로 행동하는 아이로 키우는 육아 말입니다. 이 책의 육아법대로 성장한 아이는 높은 확률로 이런 멋진 사람이 될 수 있을 겁니다.

아이를 키우는 일은 시소 게임과 같아서 밀려왔다가는 멀어지는 파도처럼 자극과 반응을 반복합니다.

아기에게 자극을 주면 반응이 있고, 이 반응은 보호자(엄마)에게 돌아오는 자극이 됩니다. 아기가 주는 자극에 교육자(엄마)가 반응하는 거죠.

0세 아기의 뇌 발달은 다른 어떤 시기의 신체 발달보다도 급진적입니다.

생후 1년 이내에 자극을 주고 반응을 불러일으켜 신경회로를 만들지 않으면 그 이후의 뇌 발달에 영향을 미칩니다.

이 책의 육아법을 집단에 적용시킨 것이 '구보타식 두뇌 키우기 =구보타 메소드'입니다.

뇌과학 데이터를 바탕으로 한 구보타 메소드에 의한 두뇌 키우기 교육을 적어도 1년 간 받고 그 후 전두전야의 발달을 촉진하는 교육을 계속하면 어떤 아이로 자라게 될까요?

① 초등학교의 학업 성적(수학 및 국어)이 향상되고,

② 원하는 대학에 진학하기 쉬워집니다.

③ 사회에 나가서도 직업 선택의 폭이 넓어지고, 바람직한 결혼 생활을 할 수 있습니다.

다른 사람 흉내만 내는 게 아니라 새로운 일을 하는 사람으로, 남의 말만 그대로 따르지 않고 능동적으로 살아가려는 '마음'을 가진 사람으로 키워주세요.

아기에게 앞으로 펼쳐질 험난한 세상을 헤쳐나갈 수 있는 '교육'을 해야 하지 않을까요?

'0세에서 1세까지 아기 교육'은 개성 넘치는 새로운 인간을 창조하는 첫걸음입니다.

2015년 6월 83세 생일을 맞이하며
교토대학 명예교수 겸 의학박사 구보타 기소
뇌과학 아줌마 구보타 가요코

0~1세 아기 교육 – 머리 좋은 아이로 키우는 구보타 할머니의 뇌과학 육아 비법

● 차례

[반사기] 생후 1개월 반까지 ——
하루 빨리 목을 가누게 해주세요

● 어떤 시기인가요?

실천편

제 2 기 [목을 가누는 시기] 1개월 반에서 3개월 반까지 ──
목과 팔다리를 튼튼하게

● 어떤 시기인가요?

제 3 기

[앉는 시기] 3개월 반부터 5개월 반까지 ——

앉아서 손을 쓸 수 있게 해요

● **어떤 시기인가요?**

실천편

제4기 **[잡고 서는 시기]** 5개월 반부터 8개월까지 ——
이제 기어서 집안을 탐험할 시기예요

● 어떤 시기인가요?

실천편

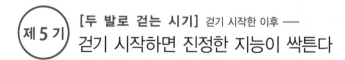

제 5 기 [두 발로 걷는 시기] 걷기 시작한 이후 ——
걷기 시작하면 진정한 지능이 싹튼다

실천편

프롤로그

—— 앞으로 펼쳐질 험난한 세상을 씩씩하게 살아가는
　 '단단한' 사람으로 키우려면

① 육아만큼 멋지고 창조적인 일은 없다

요즘 독신 여성들 중에는 "아이는 필요 없어" "일을 배워서 커리어우먼이 되고 싶어"라며 아이 키우기보다 다른 일을 우선으로 생각하는 사람이 적지 않아 보입니다.

또 기혼 여성이라도 "육아에 쫓겨서 자기만의 시간을 가질 수 없다"고 고민하거나, 극단적인 예이긴 하지만 '육아 노이로제'에 시달리는 경우도 많이 접합니다.

옛날과 비교하면 여성에게도 남성과 마찬가지로 교육의 기회가 확장되었으니 이런 경향이 눈에 띄는 것이 어쩌면 당연하다고 할 수 있지요.

요즘에는 남성과 어깨를 나란히하고 사회적으로 화려한 조명을 받는 직업에 종사하는 여성이 늘면서 경제적으로 자립 가능한 여성 역시 많아졌습니다. 가정에 갇혀서 육아에만 전념하면 왠지 자기만 뒤떨어져 손해를 보는 것 같은 생각에 사로잡힐 수도 있지요.

하지만 그런 사람은 '육아'를 너무 가볍게만 보는 게 아닐까요? **육아라는 '일'은 현대 여성이 종사하고 있는 어떤 일보다도 훌륭하고 창조적인 일이라고 생각합니다.**

이 책을 쓰겠다고 생각한 동기도 실은 이런 생각에서 비롯되었습니다.

'아이를 낳아서 모유를 먹이고 키우는 것'은 남성은 할 수 없고 여성만이 할 수 있는 일입니다. 온 세상 남자들이 아무리 궁리하고 흉내 내려고 해도 '아이를 낳고 모유를 먹이는 일'을 할 수는 없죠. **여성만이 할 수 있는 일입니다.**

막 태어난 아기는 혼자 살아갈 수 없습니다. 보호자와 교육자가 필요한 '백지 상태'죠. 이런 아기를 어떻게 키울 것인가는 순전히 엄마의 자유입니다.

아기에게 **엄마는 교육자이자 보호자이고 리더입니다.** 엄마는 매일 어떤 아이로 키울지 계획을 짜고 그 목표에 맞춰 노력합니다. 물론 즐겁기도 하고 힘들기도 하지요. 자기 생각을 이만큼 실현할 수 있는 일은 육아 말고는 없을 거예요. 게다가 그 일의 결과는 좋든 나쁘든 매일매일 눈으로 직접 확인할 수 있지요.

아무리 말귀를 못 알아듣는 아이라도 엄마의 노력에 따라서는 말을 잘 알아듣는 아이로 변할 수 있다는 것을 아이를 키워보면 잘 알게 된답니다. 이만큼 '보람찬 일'은 없을 것입니다.

② 아기가 태어난 그 순간부터 교육은 시작됐다

하지만 엄마의 생각대로 키운다고 해도 엄마의 교육법이 틀렸다면 아기는 바르게 자랄 수 없습니다.

이 책에서 말하는 육아의 기본 원칙은 '뇌와 신체의 발달에 맞는 일정한 순서와 규칙에 따라 키우기'입니다.

그 점을 생각하면 '태어난 그 순간부터 시작하는 교육'이 이 책의 목표입니다. 유아 교육은 '만 세 살부터는 이미 늦다'고도 합니다. 사실 교육을 세 살부터 시작하면 그 후의 지능발달이 크게 뒤처지게 됩니다. 세 살부터 교육을 잘 시키려면 당연히 그 전의 양육법이 영향을 미치겠죠.

바꿔 말하면 '응애' 하고 울음을 터뜨리며 이 세상에 온 아기가 두 다리로 걷기 시작하는 **8개월부터 1년 3개월 정도까지가 아기의 일생을 결정하는 중요한 시기**라는 겁니다.

이렇게 말하면 "걷지도 못하는 아기에게 어떤 교육을 해야 하죠?" 하고 묻는 분들도 많을 것입니다.

'말을 걸어도 모르고 그냥 울기만 해서 제대로 의사소통도 못하는데'라는 생각이 들 테지만 그렇지 않습니다.

아기의 뇌는 태어난 그날부터 약 1년 동안 맹렬한 속도로 매일매일 발달을 거듭하고 있기 때문입니다. 물론 교육을 계속한다는 전제 하에서 말입니다.

육아는 아기가 태어난 그날부터 시작해서 하루도 쉬면 안 되는 것입니다.

③ 생후 1년 간 펼쳐지는 놀라운 뇌의 발달

조금 전문적인 내용으로 들어가 볼까요? 우선 사람의 신체는 세포로 구성되어 있습니다.

세포가 분열해 수가 늘어나면서 몸이 커지는 건데요, 아기의 대뇌 신경세포는 태어났을 때 이미 140억 개나 존재하고, 그 수는 나중에 아무리 몸이 커지고 성장해도 늘어나지 않는다고 알

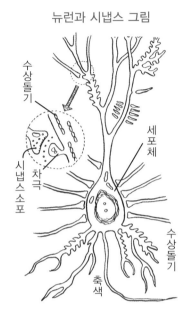

뉴런과 시냅스 그림

수상돌기

세포체

시냅스소포

자극

수상돌기

축색

려져 왔습니다. 물론 신체의 성장에 맞춰 대뇌도 커지지요.

이는 대뇌 신경세포의 수가 늘어나는 것이 아니라 '신경세포에서 나온 돌기'가 자라서 퍼지며 다른 신경세포와의 연결 고리를 만들어 가는 것을 의미합니다.

아기가 몸을 움직이며 새로운 것을 배우면 '신경세포의 돌기'들이 서로 연결되어(이 연결 고리를 시냅스라고 합니다) 신경 회로를 만들고 활동을 시작합니다. 이것이 뇌의 활동입니다.

새로운 것을 배우지 않으면 연결 고리는 생기지 않겠지요. 즉, 뇌가 아무리 커도 신경 회로가 만들어지지 않으면 뇌는 일하지 않는 셈이에요.

예를 들어, 한때는 분유를 마음껏 먹여 몸을 크게 키우는 '건강 우량아'를 선호했습니다. 우량아들의 신체와 뇌는 분명 크게 성장했을 것입니다.

하지만 신경 회로가 활발히 만들어지지 않고 뇌의 활동도 발달하지 않는다면 **'건강 불량아'**일 뿐입니다.

이 책에서는 뇌의 발달단계에 맞춰 신경 회로의 연결 고리를 최대한 많이 만들고자 합니다. 말하자면 그 시기에 맞는 **뇌 트레이닝, 체력 트레이닝**을 하는 것이지요.

신경세포 간의 연락망(신경회로망)은 생후 1년 동안 급속히 만들어지기 시작합니다. 이만큼 많이, 또 빨리 만들어지는 시기는 평생 없답니다. 물론 신경세포를 사용한다면 말이지요.

태아 때 만들어진 시냅스 없는 신경세포가 일을 시작해 시냅스의 수가 증가하면 어느 순간 시냅스의 수가 최대치에 달하는 시기가 옵니다.

시냅스 형성이 절정에 이르는 시기(synaptic pruning period)는 뇌의 장소에 따라 다릅니다.

눈을 통해 들어오는 광자극에 의해 움직이는 대뇌 제1차 시각야의 시냅스 수가 최대에 달하는 시기(뇌내 특정 장소의 신경세포 수를 세어서 일정 영역에 있는 시냅스 밀도로 계산)가 생후 8 개월이라고 밝혀진 것은 1990년(Peter R. Huttenlocher)이었지요.

시냅스 형성 절정기에 관한 연구는 인간의 뇌의 경우 제1차 시각야에 대한 보고가 있을 뿐이고 다른 영역에 관련된 연구는 아직 없습니다. 다만 히말라야원숭이의 뇌에 대한 연구는 활발해서 생후 3개월 동안 대뇌의 모든 영역에서 시냅스 형성이 절정에 이른다는 것이 밝혀졌습니다(1986년, Pasko Rakic).

절정기에 다다르면 시냅스가 적게 형성된 신경세포는 사멸합니다. 살아남은 신경세포만이 광자극을 받아들이고 활동하지요.

태아 때 만들어진 신경세포가 활동을 시작하면 시냅스도 만들어지기 시작합니다. 그 수가 최대에 이르는 시기가 바로 '시냅스 가지치기 시기(synaptic pruning period)'입니다.

이때까지 활동하지 않은 신경세포는 시냅스 수가 모자라 죽게 되지요(이를 세포 자살apoptosis이라고 합니다). 죽는 세포가 많아지면 그 이후 뇌의 발달에 나쁜 영향을 미치게 됩니다.

이 시기에 눈과 귀, 피부 그리고 손과 다리에 자극을 줘서 아기의 신경세포 간 연결을 강화시키고 뇌를 발달시켜야 합니다.

이 책에서 권장하는 육아는 **'뇌 강화 육아'**인 셈이지요.

이런 이야기를 듣고 있으면 태어나자마자 교육을 시작해야 하나 하는 생각이 들면서 도저히 해낼 수 없을 것 같은 일로 느껴질지도 모릅니다.

아기가 태어난 순간부터 '열성 엄마'가 되어야 한다는 생각이 들었다면 오해입니다. **'즐기는 육아'를 하면 그렇게 성가신 일도 아니거든요.**

태어났을 때부터 시작하면 **세 살부터 아기는 쑥 성장하고, 무엇보다 엄마가 편해진답니다.**

④ '세 살 버릇 여든까지'의 진짜 의미

사람의 아기는 정말 '연약한 존재'입니다.

세상에 막 태어난 아기는 엄마, 아빠에게 받은 유전적 정보를 가지고 있지만 자기 혼자서 살아갈 수는 없지요. 그 누구도 태어난 그날부터 걷거나 달릴 수는 없습니다. 오로지 숨을 쉬고, 울고, 젖을 빨고, 자고 할 뿐입니다. 여기에는 더 잘하는 아기, 더 못하는 아기도 없습니다.

그러나 외부로부터 다양한 자극을 주면서 키우면 아기는 여러 가지 활동을 기억하게 됩니다. 그 결과 생후 6개월 정도 지나면 두뇌의 활동에 큰 개인차가 생기게 되지요.

즉, 두뇌 활동이 좋은 아이로 키우는 것도, 그렇지 못한 아이로 키우는 것도 모두 양육법에 달린 것입니다. 두뇌의 활동은 외부 환경에서 어떤 식으로 자극을 받았느냐에 따라 거의 결정되기 때문이지요.

이런 식으로 신체의 성장과 두뇌 활동 발달에 차이가 생기고, 성격과 사고방식, 지능에 차이가 생기게 되는 것입니다.

'세 살 버릇 여든까지 간다'라는 속담이 있습니다. 옛날 사람들은 사람의 기본적인 두뇌 활동이 세 살 무렵에 거의 완성되어 늙어서도 남는다고 생각했다는 것을 알 수 있죠. 맞는 말입니다.

다만 이 말은 말문이 트이고 사회성이 생기는 등 두뇌 활동의 기초가 거의 결정되는 2~3세 무렵부터 교육을 시작하면 된다는 이야기는 아니에요.

앞서 말했던 2~3세 무렵부터 제대로 된 교육을 시작할 수 있도록 그 이전, 즉 **걷기 시작할 즈음까지는 필요한 교육을 해놓아야 합니다.**

이 시기에 아기가 보여주는 반응은 한정되어 있고 줄 수 있는 자극도 단순합니다. 그러니까 힘든 일은 아닙니다. 그렇다고 성의 없이 하면 좋은 결과는 얻을 수 없어요. 엄마는 자신감을 가지고 육아에 임해야 합니다.

⑤ 대뇌생리학자 남편이 20년 후에 인정한 부인의 '적극적 육아법'

예전에는 엄마의 부족한 육아 경험을 시어머니나 주변의 나이 많은 여성들의 지혜를 빌려 채웠습니다.

하지만 요즘처럼 핵가족화가 진행되는 상황에서는 주위에 도움을 요청하고 싶어도 쉽지 않아서 자꾸 책을 찾게 되지요. 이런 엄마들의 걱정과 불안에 응답하기 위한 다양한 육아서들이 많이 나와 있습니다.

의사가 쓴 것, 심리학자가 쓴 것, 육아에 종사하는 다른 전문가가 쓴 것 등 종류도 다양하지요.

의사가 쓴 책을 읽으면 병이나 건강에 대해 잘 알게 될 테고, 심리학자가 쓴 책에는 마음의 발달에 관한 내용이 잘 쓰여 있습니다.

하지만 아기의 '**마음과 신체**' 양쪽의 발달을 다룬 책은 별로 없어요. 또 엄마의 '육아체험기'는 있어도 이 책에서 시도하고 있듯 대뇌생리학자 구보타 기소의 이론에 근거해 그 아내인 구보타 가요코가 여러 아기들에게 실천해 온 내용을 쓴 것은 물론 없지요.

육아를 체험해 보지 못한 전문가의 이야기는 일반론으로 참고는 되지만, 아이를 키울 때 구체적으로 도움이 되는 지혜가 부족하다는 것은 부정할 수 없을 거예요.

물론 최근까지 생후 세 살까지의 뇌 발달에 관한 연구는 거의 진행되지 못한 상태였습니다. 그러니 이제까지 나온 육아서는 전문가가 자신의 직업을 통해 만나온 아기에게서 얻은 체험담을 담을 수밖에 없었지요.

육아서가 추천한 방법에도 당연히 착오가 있었습니다. 2~3세까지의 육아가 뇌의 활동을 크게 좌우한다는 것은 1983년 무렵부터 조금씩 밝혀져 왔거든요.

아내, 구보타 가요코가 자기 자식에게 실시해 온 적극적 육아법이 남편의 연구 성과에 의해 좋은 방법이었음이 과학적으로 증명된 것은 1983년경이었습니다.

아이가 태어난 후 스스로 고민하고 생각해서 실행해온 육아법이 남편의 연구영역에서 얻은 성과와 일치한다는 것을 우연히 알게 된 셈이었지요.

이 운 좋은 발견 덕분에 이 책이 완성되었습니다.

⑥ 미래를 헤쳐나가기 위한 네 가지 힘

아이를 대체 '어떤 사람'으로 키워야 좋을지가 가장 큰 문제입니다.

모든 엄마들이 저마다 목표를 가지고 육아에 여념이 없습니다. 육아만 아니라 '일'을 할 때는 그것이 어떤 일이든 우선 목표를 명확히 해야 하지요. 육아의 경우 그 목표는 **'어떤 사람으로 키울지 정하기'**입니다.

엄마마다 '남에게 피해를 입히지 않는 아이' '정직하고 꾸밈없는 아이' '프로 야구선수' '좋은 대학을 나온 훌륭한 사람' '성품이 고운 아이' 등 다양한 꿈과 희망을 가지고 있을 거예요.

아기 역시 성장해가며 엄마의 뜻을 따라주는 경우도 있을 거고 다른 방향으로 크게 비약하는 경우도 있습니다.

'앞으로 펼쳐질 험난한 세상을 씩씩하게 살아가는 단단한 사람'을 기르는 것이 이 책의 목표입니다.

앞으로 우리나라는 어떤 나라가 되어 있을까요? 국제평화는 계속 이어질까요? 헌법은 그대로일까요? 재무장은 또 어떻게 될까요? 경기는 어떨까요?

현대는 불확실성의 시대라고 불릴 정도로 미래를 예측하기 힘듭니다.

하지만 다음과 같은 일이 일어나리라는 것은 분명히 말할 수 있습니다.

첫 번째는 정보화시대라는 것입니다. 텔레비전 뉴스, 다른 사람이 한 일, 책에 씌어 있는 내용, 외국에서 일어난 사건 등 온갖 정보가 우리들 생활에 중요한 영향을 미치게 될 텐데요, 어떤 정보를 받아들이고 어떤 정보를 버릴지는 개인의 책임입니다. 그런 만큼 정보를 능숙하게 처리할 수 있는 사람이 되어야 하지요.

두 번째, 단순 반복 작업은 로봇이 하는 대신 지식집약형 산업이 대세가 될 것입니다. 컴퓨터 시스템을 사용해 작업하게 되며 높은 지적 능력이 필요해집니다.

세 번째로 자원이 부족한 나라는 국제 환경에서 고립되지 않기 위해 많은 나라와 무역을 하게 될 것입니다. 지식과 경험을 활용한 가공 수출에 힘을 기울이게 될 겁니다. 즉, 두뇌를 사용해 만든 물품과 문화를 수출하는 셈이에요. 그 대신 식재료나 석유 같은 생활에 필요한 물건을 수입하게 되겠지요.

네 번째로 우리나라의 65세 이상 고령층 인구는 외국의 그 어느 나라도 경험해보지 못한 속도로 증가하고 있습니다. 인구의 20퍼센트 이상을 65세 이상이 차지하고 있는 고령화사회입니다.

이런 나라에서 살아가려면 어떤 인간형을 지향해야 할까요?

정신도 신체도 건강해야 한다는 것은 말할 것도 없죠. 나아가서는 성장한 후 어른의 사회에서 살게 되었을 때 **'개성 있고 씩씩하게 살아가며, 타인과 협력할 수 있고 지적 능력이 뛰어나면서 독창적인 일을 할 수 있는 사람'**이 아닐까요?

육아의 목표로 삼고 싶은 것은 바로 이런 인간상입니다.

⑦ '일류대에서 운동을 하면서도 우수한 성적으로 졸업하는' 지력과 체력

　이런 사람이라면 대학에 들어갈 때도 벼락치기 입시 공부 같은 것은 하지 않아도 원하는 대학에 들어갈 수 있을 것이고, 대학에 입학한 후에도 일상적으로 운동하고 신체를 단련하면서도 우수한 성적을 받고 졸업할 것입니다.

　말하자면 '**도쿄대학 운동장이나 체육관에서 정신없이 뛰면서도 제대로 졸업할 수 있는 체력과 지적 능력을 가진 사람**'이 되도록 키우자는 것이지요.

　이렇게 말하면 쓸데없이 '열성 엄마'들 편만 들어주는 거 아니냐, 일류대 찬양하는 거 아니냐며 한 마디 들을 수도 있겠지요.

　도쿄대에 보낼 학생을 길러내는 게 목표라는 건 아닙니다. 그럴 생각으로 좀 더 노력을 기울인다면 도쿄대에도 들어갈 수 있는 두뇌를 가진 아이를 길러낼 수 있다는 말이지요.

　우리 둘째 아들은 본인의 희망에 따라 도쿄대에 진학했지만, 장남은 고등학교를 졸업하고 1급 건축사가 됐습니다. 부모인 우리가 보기엔 먼저 사회인이 된 장남이 훨씬 우수했지만, 둘째처럼 본인이 대학에 가지 않겠다고 결정한 이상 그걸로 충분하다고 생각하고 있습니다.

부모가 학자이며 건강하다는 혈통적이고 유전적인 요소가 두 아들의 뛰어난 지력과 체력에 미친 영향은 극히 적을 것입니다. **99퍼센트가 교육의 성과**라고 저희는 확신하고 있습니다. 자식 얘기는 접어두고, **나이에 맞게 자신의 개성을 분명히 가지고 있고, 자신 행동에 책임을 지고, 학업 성적은 적당히 좋으며 체육 성적도 좋고, 놀 때도 친구들을 리드하는 건강한 아이를 기르는 것**이 이 책의 목표입니다.

집단 안에서 엘리트가 될 인재를 양성하는 교육이라고 할 수도 있습니다. 여기서 말하는 '엘리트'는 집단의 지도자라는 뜻이 아니고, **집단 속에서 의견을 내고 리드해 가는 사람**이라는 뜻입니다.

8 '앞을 내다보는' 적극적인 육아법

목표를 실현하기 위해 이 책에서는 일반적인 육아서보다 적극적인 육아법을 실시합니다. 예를 들면, 일반적인 육아서에는 '생후 몇 개월에 체중은 어느 정도이고, 이러이러한 활동을 할 수 있습니다' 같은 식으로 쓰여 있죠. 이건 특별한 훈련을 하지 않았을 경우의 표준이니까 이 책에서 목표로 하는 육아의 경우엔 참고할 수 없습니다.

이 책에서는 아기가 가지고 있는 가능성을 최대한 발휘시켜 두뇌의 활동을 되도록 빨리 성장시키고자 합니다.

그러기 위해 외부에서 다양한 자극을 줘서 다양한 반응을 유도합니다. 신체 성장과 신경계 발달에 맞춰 **가장 적절한 자극을, 딱 좋을 만큼의 양만, 적당한 시기**에 주는 거죠.

이 육아법을 하려면 신체 활동뿐만 아니라 뇌의 발달도 쉬지 않고 관찰해야 합니다. 뇌의 활동은 직접 볼 수가 없으니까 아기의 반응 패턴을 보고 추측하는 거죠.

그러기 위해서는 다음 단계에는 어떤 기능이 발달할지 **'예상'**하고 대처해야 합니다. 어떤 자극을 주었을 때 아기가 어떻게 반응하고 어떻게 변하는가, 또 자극을 주지 않으면 어떻게 되는가를 사전에 충분히 예측하지 않으면 이런 육아는 불가능하거든요.

즉, 이 책이 추천하는 육아는 **이제까지 나온 어떤 육아책도 말한 적 없는 '앞을 내다보는' 육아법, 적극적 육아법**입니다. 엄마의 입장에서는 **'생각하는 육아'**라고 할 수 있지요.

이 책에서 추천하는 육아법을 따라해보고 아기가 착실히 발전하는 게 눈에 보인다면 아기의 몸무게나 키가 표준치와 비교해 어떤 위치에 있든 신경 쓸 필요 없어요. 아기가 큰 편인지 작은 편인지, 무거운 편인지 가벼운 편인지를 참고삼아 아는 정도면 충분하죠. 물론 소아과 의사나 보건사들은 아기의 몸무게나 키에 관해 조언할지도 모르겠습니다.

"분유를 더 먹여서 몸무게를 늘리세요." 혹은 "너무 많이 먹이는 것 같네요."

그럴 때는 왜 그런 말을 하는지, 왜 그렇게 해야 하는지 질문해보고 납득이 갈 때까지 되물어봐야 합니다. 납득 가는 대답을 들을 수 없다면 이런 말들은 무시하는 게 낫습니다.

얼마나 자랄지는 대체로 유전에 의해 결정되니까 부모가 할 수 있는 일은 필요한 영양소를 제대로 공급하는 것뿐입니다. 그 이상은 외부에서 바꿀 수 있는 게 아니지요. 필요 이상으로 영양을 공급하면 비만아가 되고, 부족하면 왜소한 아이가 될 겁니다. 그러면 뇌도 충분히 활동하지 못하고 뇌의 발달은 기대치를 밑돌게 되지요. 너무 마르지도 않고 너무 뚱뚱해지지도 않도록 주의하면 충분합니다.

이 책에서 추천하는 육아법대로 진행할 수 없을 때에는 영양이 부족한 건 아닌지 살펴봐주세요. 충분한 단백질과 당질, 미네랄, 비타민을 균형 있게, 필요한 만큼 준다면 뇌는 정상적으로 활동하고, 또 정상적으로 발달할 것입니다.

이 책에서는 큰 아이는 큰 아이 나름대로, 작은 아이는 작은 아이 나름대로 두뇌를 발달시키고자 합니다. 그러니까 좀 마른 거 아니냐는 타인의 말을 듣고 근심에 빠져서야 육아 책임자로서는 실격이에요. 남이 하는 말을 일일이 신경 쓸 필요는 없답니다.

9 육아서를 보는 법 그리고 '튼튼한 뇌를 가진 아이로 키우는 법'

앞서 말했든 육아서도 종류가 다양합니다.

예를 들어, 아기가 병이 났을 때 병에 관한 지식이 없으면, 어떻게 해야 좋을지 몰라 육아서를 펴고 싶어질 거예요.

하지만 병에 관한 것은 소아과 의사와 상담하는 게 최선입니다. 누가 뭐라 하든 소아과 의사는 병에 관한 전문 교육을 받은 사람이니까 가장 믿을 수 있습니다.

이 책이 추천하는 육아법은 아주 어릴 때부터 부모가 아기에게 말을 많이 걸어주라는 것입니다. 말이 뇌에 미치는 영향을 생각하고 적극적으로 말 걸기를 해주세요. 이는 우리 전통적인 육아법을 보다 극대화한 것입니다.

부모와 아이가 피부를 통해 소통하는 것도 대단히 중요합니다. 피부에 자극을 주는 것은 심신의 건전한 발달에도 없어서는 안 되며, 그 어떤 걸로도 대체할 수 없기 때문입니다.

이 책이 추천하는 육아법에는 다양한 기술이 도입되어 있습니다. 엄마도 공부를 해서 어떻게 자극을 주면 좋을지 알아두어야 합니다.

이 책의 구체적인 육아 방법은 **'육아 기술'**이라고 할 수 있습니다. 뇌를 튼튼하게 하는 육아 기술, **'튼튼한 뇌를 가진 아이로 키우는 기술'**이지요.

⑩ 두 발로 걷기까지, 다섯 개의 발달 단계

태어난 아기가 두 발로 걷기까지 걸리는 시간은 개인차는 있지만 8개월부터 1년 3개월까지입니다. 이런 차이는 태어나면서 이미 결정된 유전적 요인과 태어난 후 거치는 훈련과의 상호 작용에 의해 생겨나지요.

이 책에서는 아기가 걸음마를 할 때까지의 **신체와 뇌 활동의 발달을 다섯 단계**로 나누었습니다.

물론 아기의 성장 발달은 칼로 자르듯 나눌 수 있는 건 아닙니다. 연속적이지요. 하지만 이해를 돕기 위해 시기를 나눈 것입니다. 저희는 다섯 단계로 나누는 게 적절하다는 입장입니다.

제1단계는 자극에만 반응하는 '**반사기**'로, 마음이라고 부를 만한 것이 없는 '**부서지기 쉬운 기계**' 시기입니다. 아기에게 자극을 주면 선천적으로 지니고 있는 '**반사**'로 반응합니다. **태어나서 1개월 반까지**가 이 시기에 해당하지요. 신체 밖에서 주는 자극도 있지만, 몸 안에서 발생하는 자극도 있습니다.

제2단계는 자극과 반사를 연결해서 자극에 반응하는 법을 기억하는 '자극반응기'입니다. **생후 1개월 반부터 3개월 반까지**가 이 시기입니다.

이는 자극을 받고 일어나는 반사에 아기가 자발적으로 일으키는 반응이 결합된 것으로, 자극에 대한 반응이 '반사'보다 복잡해집니다.

그와 함께, 태어났을 때 보였던 반사는 점점 약해져서 아기는 반사로부터 해방되지요.

이 시기를 '목을 가누는 시기'라고도 하는 데서 알 수 있듯 목도 어느 정도 가눌 수 있게 됩니다. 낮과 밤의 리듬도 어느 정도는 확립되고요. '생체시계'가 몸속에서 움직이기 시작하고 외부 세계를 향한 호기심도 생겨납니다. '마음'이라고 할 만한 것이 발생하는 시기이지요.

제3단계는 '**앉는 시기**'로, 외부 세계로 눈을 돌리는 자신을 발견하는 '탐색기'입니다. **생후 3개월 반부터 5개월 반 무렵까지가** 이 시기입니다.

제4단계는 '**잡고 서는 시기**'로, 낯가림을 시작하고 자아가 확립되는 '자아발생기'입니다. **생후 5개월 반부터 8개월 무렵까지** 입니다.

제5단계는 '**두 발로 서는 시기**'입니다. 스스로 새로운 행동 수단을 발견할 수 있게 되는 시기로, 혼자 문제를 해결할 수 있는 지능이 싹트는 '지능발달기'입니다.

이 다섯 시기를 묶어서 발달심리학자 피아제는 '**감각운동적 지능의 시기**'라고 명명했습니다.

이 시기의 육아에서는 '**자신이 사랑받고 있다는 것을 느끼게 해주는 것**'과 '**주변 물건에 흥미를 갖게 하는 것**', **이 두 가지에 주의하는 것이 중요**합니다.

아기는 자극-반사 같은 간단한 일에서 자극-반응 같이 더 복잡한 것에 대한 반응을 배워갑니다. 그 위로 새로운 기능이 쌓이고, 뇌의 신경회로도 복잡해지지요.

고층건물을 땅에서부터 한 층씩 한 층씩 세워가는 것과 매우

비슷하지요. 높은 층에 이를수록 복잡하고 고급스러운 것, 즉 나중에 배운 것이 추가됩니다. 그러니까 1층부터 제대로 짓지 않고 2층을 세워버리면 건물은 무너지게 되겠지요.

제 1 기

[반사기]

— 생후 1개월 반까지 —

하루 빨리 목을
가누게 해주세요

● 하루 빨리 목을 가누게 하려면–세 가지 반사

막 태어난 아기는 수면 시간이 깁니다. 하루 중 열여덟 시간은 잠들어 있지요. 그 대신 한 번에 깨어 있을 수 있는 시간은 짧아서 수유 시간을 빼면 3~5분 정도입니다.

깨어나 있는 아기가 할 수 있는 일은 많지 않습니다. 울든지, 입술에 닿는 것을 빠는 정도지요. 외부에서 오는 자극을 받으면 선천적인 반사를 보이는 것밖에 할 수 없습니다.

빨기 반사–입술에 닿는 것을 물고 계속 빠는 것.

쥐기 반사–손을 단단히 쥐고 있는 것. 손가락을 벌려도 바로 다시 쥠.

순목 반사–눈에 입김을 불면 감는 것.

제1기(반사기, 생후 1개월 반까지)의 아기가 외부 세계를 향해 자발적으로 행동을 일으키는 일은 거의 없습니다. 마음이나 지능이 아직 확립되지 않은 시기지요.

이 시기 육아의 목표는 **하루 빨리 목을 가누게 하는 것입니다. 아기를 엎드리게 해서, 스스로 고개를 들고 외부 세계를 볼 수 있게 하는 것**이 중요합니다.

● 반사의 동화—반사적으로 젖을 빠는 행동에서 '적극적 으로 찾아 무는' 행동으로

아기의 선천적인 반사를 자발적인 반응으로 바꿔나가는 것이 엄마의 역할입니다. 목을 가눌 무렵이 되면 신생아 반사는 약해지거나 사라지지요.

막 태어났을 때는 입술에 무언가가 닿으면 반드시 빨기 반사를 보였던 아기가 어느 정도 시일이 지나면(극단적인 경우에는 생후 2일째부터) 젖 먹을 때도 아닌데 입을 벌리거나 닫으며 빨기 운동을 합니다. 유두가 아기의 입술에 닿지 않아도 빨기 반응이 나타나는 거죠. 빨기 운동의 횟수가 하루가 다르게 많아질 뿐 아니라 빠는 힘도 하루하루 강해집니다.

태어나서 3주 정도만 지나면 스스로 유두를 찾으려는 움직임을 보이지요.

아기가 빨기 반사로부터 빨기 반응을 학습했다고 말할 수 있습니다. 이렇게 되면 입술에 닿는 모든 것을 무조건적으로 빨았던 반사는 일어나지 않게 되고, 배가 고플 때에도 유두와 유두가 아닌 것을 구별하기 시작합니다.

아기가 유두의 모양을 알고 구별하는 것은 아닙니다. 아기는 유두가 다가와 자극을 받으면 빨기 반사로 응대하는 운동 패턴을 반복합니다. 그 위에 빨면 젖이 나온다는 사실이 추가되면 빨기 반응을 하는 건데요, 유두가 아닌 것으로부터 자극을 받아서 빨아도 젖이 안 나오면 빨기 반응은 사라지고 더 이상 빨지 않게 됩니다.

이런 식으로 빨기 운동 패턴을 유두 이외의 자극에도 적용해보고, 아무 자극이 없을 때도 해보면서 유두와 유두가 아닌 것을 구별하게 되는 겁니다. 외부에서 온 자극이 바르게 동기를 부여해주었을 때 아기 역시 바르게 반응함으로써 경험이 쌓이고 외부 세계에 대해 알게 되지요. 바로 '학습'이란 겁니다.

매일 수유할 때 **적극적으로 시험해보고 조금씩 학습**시키세요. **하루라도 빨리 빨기 반사가 빨기 반응으로 바뀌도록, 또 빠는 힘이 강해지도록,** 빨기 위한 근육이 서로 협조해 움직이도록 하는 것이 중요합니다.

이렇게 **반사가 반응으로 바뀌는 과정을 '반사의 동화'**라고 합니다. 반사를 이용해 자발적인 반응을 끌어내자고 하는 것입니다.

이 시기에는 반사에 기초를 둔 학습만이 가능합니다. 그래서 물건을 크게 움직여보는 등 눈에 큰 자극을 주고 반응을 일으켜 보려고 해도 무의미하지요.

● 두 개의 잠-충분한 수면

아기는 하루를 거의 자면서 보내는데, 그 잠에는 두 가지 종류가 있습니다.

'**서파수면**'과 '**역설수면**'인데, 둘 다 아기의 성장 발달에 필요한 수면입니다. 서파수면은 뇌와 신체에 휴식을 주고, 역설수면은 뇌의 발달에 필요하다고 알려졌습니다. **수면 중 의식이 없어도 학습은 진행된다**는 것이 최근 보고되었습니다.

▶서파수면(비렘수면)-느린 진폭의 뇌파, 즉 서파에 맞춰 뇌내 신경세포의 절반 정도가 일하거나 쉬고 있는 상태입니다. 낮 시간 동안 학습한 내용을 서파수면 때 복습합니다.

서파수면 때는 뇌의 활동이 저하되고 신체의 움직임이 없어집니다. 수면에 빠졌을 때 두개골 표면에서 뇌파를 기록해보면 서파라고 불리는 파장이 나오기 때문에 '서파수면'이라고 합니다.

▶역설수면(렘수면)- 눈을 감았는데도 안구가 왔다갔다 움직이거나 입으로 빠는 동작을 하고 손가락, 발가락이 꿈틀꿈틀 움직일 때는 렘수면 상태입니다. 뇌는 깨어있을 때와 마찬가지로 활동하고 있습니다.

렘수면 시 뇌파를 보면 깨어있을 때와 동일한 파장, 속파(速波)가 발생하고 있습니다. 어른인 경우에는 꿈을 꾸고 있는 것인데, 아기도 어른처럼 꿈을 꾸는 것으로 보입니다.

이 시기의 수면에서 확인할 수 있는 또 하나의 특징은 밤낮의 리듬이 없다는 것입니다. 아기는 몇 분, 몇 십 분의 작은 단위로 잠을 잡니다. 하루에 몇 십 번이나 깨어나고 잠들기를 반복하니 밤낮의 구분이 없지요.

수면 시간은 아기마다 다르므로 **강한 자극을 받아 깨지 않도록 조심하며 충분히 재우세요.** 길게 재우다가 짧게 재우다가 하면 뇌의 발달에 좋지 않습니다. 뇌의 발달에 필요한 것은 충분한 수면이에요.

밤낮의 리듬을 만드는 생체시계가 활동을 시작해서 낮 동안에는 깨어 있고 밤에는 자는 생활 양식이 만들어지는 것은 생후 6개월경입니다.

● 스킨십과 'C섬유 커레스계 시스템'–커서도 사라지지 않는 '마음의 교류'가 이루어진다

엄마와 아기의 피부가 맞닿아 감정이 서로 오가는 것을 '스킨십'이라고 하지요. 최근 들어 피부가 서로 닿으면 뇌가 쾌감을 느낀다는 것이 밝혀졌습니다.

지금 주목받고 있는 것이 부모와 아이가 서로 껴안으면 '일체감'이 발생한다는 **C섬유 커레스계 시스템**입니다.

'커레스(caress)'란 단어를 찾아보면, 명사로 쓰일 때 자애의 마음을 불러일으키는 행위를 가리키는 말로 '키스' '포옹'을 뜻합니다. 동사일 경우에는 '애무하다' '쓰다듬다'라는 뜻이지요.

엄마와 아기가 피부가 닿도록 껴안으면 두 사람의 C섬유 커레스계가 활성화돼서 엄마도 아기도 기분이 좋아지지요.

아기가 불안해하며 울 때 안아주어서 C섬유 커레스계 시스템을 활동하게 하면, 불안이 쾌감으로 바뀌며 기분좋게 품에 안기고 울음을 그칩니다.

부모와 아이가 서로 끌어안으면 '일체감'이 생기고, 아이만이 아니라 엄마도 행복한 기분에 잠기게 되지요. 매일 실행하며 애정을 돈독히 해보세요.

아기를 기분좋게 하고 싶을 때는 바로 이 시스템을 작동시키는 거예요.

이 책에서는 때에 따라 '스킨십' 대신 'C섬유 커레스계 (시스템)' 이라는 뇌과학 용어를 사용하도록 하겠습니다.

● 생후 일주일, 아기의 감각은 예민하다 - 맛, 소리, 색, 냄새 구분

아기는 백지 상태로 태어나 반사로만 대답해 줍니다.

하지만 주의 깊게 관찰하면 외부 자극에 명확하게 반응한다고 말할 수는 없어도 미묘한 대응은 보이는 걸 알 수 있어요.

생후 일주일 간 보아온 사물에 대해서는 사람인지 아닌지, 그 차이를 알게 되는 것 같습니다. 보고 있는 시간이나 보고 있을 때의 동작이 다르기 때문이지요. 보는 것이든 듣는 것이든 그것이 무엇이냐에 따라 다른 반응을 보입니다.

생후 일주일 동안 온도나 맛, 냄새의 차이도 알게 됩니다.

아기가 목을 움직여 피하려고 하는 냄새가 있어요. 단 것과 달지 않은 것도 구별할 수 있지요. 촉감의 경우 가볍게 만지는 것과 꽉 누르는 것의 차이를 알게 되지요.

소리에 따라 눈을 뜨거나 호흡 리듬이 바뀝니다. 좋아하는 소리와 싫어하는 소리가 있죠. 큰 소리에는 싫다는 반응을 보여요. 어디서 소리가 나는지 알게 되고요. 오래 지속되는 소리, 짧은 소리도 구별할 수 있게 됩니다.

아기는 눈앞에 있는 빨간색과 노란색 물체를 응시할 수 있습니다. 그보다 먼 곳에 있는 것은 뿌옇게 보이지요. 빛의 세기에도 반응을 합니다. 강한 빛에는 눈을 감아요. 줄무늬는 태어나자마자 인지하는 것으로 관찰됩니다. 막 태어났을 때는 동그란 물건보다 세로 줄무늬를 응시하는 경향이 있는데, 생후 3주가 지나면 동그란 것, 사람의 얼굴 모양을 한 것을 선호하게 됩니다.

이처럼 아기는 자극에 미묘하게 반응하며 뇌 속에서 신경회로를 만들어갑니다. 아기의 반응은 자극의 종류, 장소, 세기, 기간에 따라 조금씩 다르지요.

잘 관찰해서 반사를 확고한 반응으로 바꾸는 비법을 발견해 보도록 합시다.

좌우대칭이 서로
맞는지 확인한다

1 첫 대면, 감격이 사라지기 전에 아기의
    온몸을 살펴보자
    ── 애정과 냉정함으로

출산을 무사히 마치고 피로도 가시면 슬슬 첫 번째 일을 시작
할 시간입니다.

아기를 잘 보세요. 아기가 가지고 있는 신체적 특징을 잘 살펴
보는 겁니다. 머리 꼭대기부터 발끝까지 냉정하게 보아야 합니다.
남의 아기를 보는 심정으로 관찰하세요. '얼굴이 귀여운지' '사지
는 멀쩡한지' 같은 게 문제가 아닙니다.

육아 최고책임자인 엄마가 앞으로 개선해가야 할 부분은 어딘
지 자세히 보는 것이지요. 머리는 둥글고 모양이 좋은지, 손가락
은 좌우가 같은 길이인지. 발가락은, 또 눈과 귀는 어떤지, 콧등
은 곧게 서 있는지, 콧구멍이 좌우대칭인지 보는 것입니다.

이목구비의 아름다움이 아니라 좌우가 대칭을 이루고 있는지를
보세요. '아름답게 균형 잡혀 있는가'를 유의해서 보아야 합니다.

제 경우 첫째의 콧구멍이 비뚤어져 있었습니다. 출산 후 입원
해 있는 5일 동안 끊임없이 콧구멍을 들여다보며 큰 쪽을 지그시

아이의 몸 전체를
잘 관찰한다

눌렀지요. 알고 보니 큰 분비물이 콧속을 막고 있던 거예요. 큰
재채기와 함께 빠져나와서 크기 차이는 줄어들었지만 완전히 똑
같아지지는 않았습니다.

대신 감기에 걸리면 작은 콧구멍이 먼저 막히기 때문에 감기
전조 증상을 빨리 알아차릴 수 있어서 도움이 됐지요.

둘째 아들은 오른쪽 귀는 괜찮은데 왼쪽 귓불이 접혀서 붙어
있었어요. 5일 동안 손으로 가볍게 펴주자 사이가 조금씩 벌어졌
습니다. 그 후로도 젖을 줄 때마다 혈액순환을 촉진시키는 기분
으로 부드럽게 마사지해 주었지요. 스무 살이 되었을 때는 아무
도 귓불이 이상한 걸 알 수 없었습니다. 저만 빼고요!

이렇듯 머리가 삐뚤어지지 않았는지, 손가락 길이가 다르진 않
은지를 확인하고, 이상이 발견되면 **초기부터 방금 찐 떡을 만지
듯 부드럽게, 시간을 두고 만져주세요.** 그러면 특별 제작한 베개
나 깁스를 써서 교정하지 않아도 개선될 거예요.

조금만 더 주의 깊게 봐서 좌우대칭이 아니라 어딘가 이상하다
는 것을 알게 되면 사시, 사경, 고관절탈구도 금방 발견할 수 있
지요.

의사한테 지적받고 알아차려서야 이 책에서 목표로 하고 있는

둘째 아들은 왼쪽 귓불이 꺾여 있어서 부드럽게 부드럽게 마사지해서 바로잡았다

육아 최고책임자로서는 실격입니다.

아이를 귀엽고 사랑스럽게 여기는 마음도 중요하지만 **진지하고 냉정하게 자식을 관찰**할 수 있는 마음가짐도 필요합니다.

제 조카의 경우에는 한쪽 눈에만 눈곱이 껴서 늘 그 눈이 젖어 보이는 것을 생후 1개월 때 알았습니다. 이상하다는 생각이 들어 의사에게 물어본 것은 생후 3개월 때였습니다.

소아과 의사도 고개를 갸웃거렸고, 안과에 찾아간 후에야 겨우 원인을 알게 되었습니다. 젖어 있는 눈 쪽의 눈물샘이 막혀 있던 거지요. 눈물샘을 뚫어준 덕택에 다행이 큰 병으로 발전하지는 않았습니다.

한쪽 눈에는 쌍꺼풀이 있는데 다른 쪽은 없는 정도의 차이는 선천적으로 지니고 태어난 유전적 요인에 따른 것이지만, 한쪽 눈을 씀벅거리거나 크게 뜨지 않으려고 하면 주의해야 합니다.

세심한 주의를 기울여서 몸 전체를 빠짐없이 훑어보고 이상한 점이 없나 찾아봅시다.

아직 손발을 자유롭게 움직이지 못하니까, 목표는 형태 이상을 발견하는 것입니다.

모유는 최고 좋은 식품

* 거리를 두고 자식을 살펴볼 수 있는 여유를 가집시다. 좌우 비대칭인 곳은 없는지, 손, 발, 가슴, 등도 잘 관찰합시다.

② 모유는 엄마가 주는 첫 번째 애정
─ 최고의 식품, 모유

육아라는 일은 남성도 할 수 있지만, 수유를 할 수 있는 것은 여성뿐입니다. 게다가 엄마의 젖은 아이에게 딱 맞는 최고의 식품이에요.

내 자식의 탄생과 함께 나오기 시작하는 모유의 영양소는 내 자식에게 적합하게 되어 있지요. 특별한 사정이 있어 의사가 수유를 권장하지 않는 경우가 아니라면 말이에요.

하지만 사실 모유란 간단히 나오는 게 아닙니다. 특히 초산일 경우에는 안 나오는 경우가 있어요. 옛날에는 가슴을 주무를 줄 아는 사람이 곧장 산후 마사지를 해서 모유가 나오는 길을 터주기도 했답니다.

일단 모유를 먹이기로 결심했다면 젖이 잘 나오게 하기 위해

끓여 식힌 물로 유두를
적셔가며 젖이 잘 나오
게 한다

다방면으로 노력해 봅시다.

모유가 안 나오니까 **당장 분유를 먹이자는 생각은 버리세요.**

한 번 끓여서 식힌 물을 준비해서 유두를 적신 다음 물려봅시
다. 짜봐서 조금이라도 젖이 나오면 성공이에요.

아기는 조건 없이 젖가슴을 무는 존재입니다. 아기가 자극을
주면 젖이 돌지요. 달리 먹을 게 없다고 생각하면 엄마도 아기도
필사적으로 노력하게 될 거예요.

아기가 눈을 뜨면 물리고, 울면 젖을 조금 짜내서 입술에 살짝
살짝 닿게 해봅시다. 수분이 전해지면 아기가 빨기 쉬워집니다.
다양한 방법을 시도해보며 느긋하게 해나가세요.

쉽게 먹을 수 있는 젖병 속 분유로 배를 채운 아기가 맛이 있
을지 없을지도 모를 젖꼭지를 계속 빨 리가 없죠.

젖꼭지에서 맛있는 젖이 나온다는 것을 알게 되면 아무리 적은
양이라도 아기는 있는 힘을 다해 빨아댈 거예요.

**손쉽게 분유를 주는 것은 '엄마가 해야 하는 첫 번째 노력'을 게
을리하는 것**입니다. 계속 아기에게 젖을 물리세요. 흘러나온 모
유를 아기가 먹어주면 정말 기분이 좋아진답니다. 10개월 간 몸
에 쌓인 무거움도, 출산의 고통도 깨끗이 떨어져나가지요.

엄마의 건강이
아기에게도 중
요하다

또, 분유의 영양분은 언제나 똑같지만, 모유의 영양분은 엄마
가 무엇을 먹었느냐에 따라 조금씩 달라집니다.

끈적일 만큼 농도가 아주 진할 때도 있고 물처럼 흐를 때도 있
어서, 엄마 스스로도 식사에 신경 써야겠다는 자각이 들지요.

엄마의 건강이 아기에게 얼마나 중요한지 실감이 날 거예요.

그때그때 미묘하게 다른 모유를 아기에게 주면, 아기는 다양한
맛을 알게 되고 미세한 맛의 차이를 알 수 있는 감각이 생기지요.

* 포유류 동물들은 엄마의 젖으로 자식을 키웁니다. 인간도 포유류의 일원입니
다. 모유는 아기의 성장에 필요한 모든 것을 제공해주지요.

모유는 신체를 구성하는 데 필요한 영양분과 감염을 예방하는 면역항체를 전해
줍니다. 뿐만 아니라 수유 행위 자체가 아기의 감성을 길러주며 엄마에게도 육
아의 기쁨을 알려줍니다.

위에서도 아래에서도
열 수 있는 지퍼 달린
아이 옷은 편리

③ 필요한 것은 몸에 딱 맞는 옷
── '무엇이 가장 좋은지'를 생각한다면

아기는 몸이 작다 보니 준비해놓은 작은 옷도 몸에 딱 맞지 않고 헐렁헐렁할 겁니다. 특히 목 주변이 들떠서 추워 보이지요.

방 안 온도를 맨살로 지낼 수 있게 유지하는 것은 보통 어려운 일이 아닙니다. 아기는 옷을 통해 외부 온도와 체온을 조절해나가야 하지요.

태어나서 처음 입는 옷은 어쩔 수 없이 표준 사이즈를 고른다고 해도, 그 다음부터는 몸에 맞는 옷을 입히도록 합시다.

안아올리면 옷이 말려 올라가서 발이 쏙 드러나는 긴 옷이나 발목에 레이스가 달린 양말은 보기엔 귀여워도 아기에게 불필요한 자극을 줘서 아기 스스로 체온을 조절하기 어렵게 합니다. 준비할 것은 뭐니 뭐니 해도 **몸에 딱 맞는 옷과 기저귀**입니다.

제 경우에는 얇은 면으로 만든 옷을 여러 벌 준비했습니다. 목둘레를 좁게 하고, 위에서도 아래서도 열 수 있게 지퍼를 달아서 옷이라기보다 주머니에 가까웠지요.

산부인과에서 표준보다 크거나 작은 아기를 볼 때마다 맞춤옷

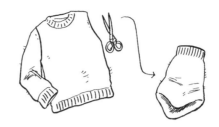

옛날에 나는 옷을
직접 만들어 입히
기도 했습니다

을 만들어 선물했는데 정말 기뻐하더군요.

밑위가 길고 발목까지 가려지는 얇은 바지는 안아 올릴 때 안성맞춤이죠.

첫째가 태어났을 때, 제 자식을 안고 있는 아빠는 기뻐 보이는데 정작 아빠 품에 안긴 아기는 옷이 말려 올라가서 발이 삐죽 나온 게 으슬으슬 추워 보였어요. 급히 긴 바지를 만들어 입혔지요.

옷 사이즈는 **아기 몸에 딱 맞추는 게 제일 중요하므로 태어나기 전에 이것저것 고민하며 준비할 필요는 없습니다.** 물자가 부족한 시대에 아이를 키워온 요즘 할머니들에게는 이상하게 보일 수도 있지만요.

기저귀 역시 모양과 크기가 다양하니 아기의 몸에 맞춰 고르도록 하세요. 몸이 큰 아기에게는 큰 기저귀가 필요하겠죠. 대소변을 찔끔찔끔 싸서 몇 번이고 기저귀를 갈아야 하는 아이가 있는가 하면, 한 번에 많이 눠서 횟수가 적은 아이도 있으니까 각자에게 맞는 기저귀를 골라야 합니다.

기저귀는 젖으면 바로 갈아야 합니다.

젖어 있는 게 불쾌한 상태고 마른 게 쾌적하다는 것을 아기에게 알려주기 위해서도 더러워진 기저귀는 바로 갈아주세요.

아기에게 맞는 기저귀를 택하고, 볼일을 보면 곧바로 갈아준다

그런데 기저귀에 오줌이 살짝 묻었을 때 대부분의 엄마들은 조금밖에 안 젖었다고 그냥 두는 경우가 많습니다. 절대 그러지 마세요. 젖은 기저귀를 방치하면 아기의 피부가 상할 뿐 아니라 감각도 둔해지고 맙니다.

'아기에게 가장 좋은 것은 무엇인가'를 생각하며 육아에 임하면 아무리 어려운 문제라도 해결할 수 있습니다.

누가 낡은 울 스웨터 안 주려나, 아기옷으로 리폼하면 몇 번은 입힐 수 있는데, 라는 발상이 가능한 엄마라면 아기 기저귀도 빨리 뗄 수 있을 거예요.

제 경우 하루 종일 상당히 많은 기저귀를 갈아치운 적도 있지만, 아들들은 모두 돌이 되기 전에 기저귀를 뗐고, 배변 훈련으로 힘들었던 적은 한 번도 없습니다.

또 이 방법을 시도해본 아기 중 두 살이 다 되도록 기저귀를 차고 있던 경우도 거의 없답니다.

* 아기의 사이즈에 맞는 옷을 입히는 것이 보온에도 좋고 팔다리를 움직이기도 쉽습니다. 아기의 개성을 존중하는 육아법이지요.

④ 아기에게 다양한 생활 음을 들려주자
── 환경에 순응시키기

산부인과에서 집으로 돌아와 환경이 크게 바뀌어 불안할 때, 아기는 종종 소리에 대해 과민반응을 보이기도 합니다.

만약 그렇다면 '훌륭한 감수성'을 가지고 있다고 기뻐할 일이에요.

큰 소리가 나거나 갑자기 목의 위치가 바뀌면, 아기는 우선 팔다리를 바깥쪽을 향해 뻗었다가 잠시 후 안쪽으로 굽힙니다.

온몸에 힘이 들어가 있어서 겁을 먹은 것처럼 보이죠. 이런 모습을 보면 불안해져서 아기를 놀라게 하지 말아야겠다는 생각이 들 거예요.

하지만 **어느 정도 대강대강 키우지 않으면 신경질적이고 가시돋친 아기가 될 수 있습니다.** 다양한 소리에 익숙해지게 합시다. 처음에는 약한 소리를 들려주고, 점점 크게 하는 거예요. **갑자기 큰 소리를 들려주지 않도록** 주의하세요.

환경이 바뀌면 한숨도 못 자는 버릇은 어른이 되어서 갑자기 생기는 것이 아니랍니다.

좁은 방에서 청소기가 내는 둔탁하고 커다란 소리에 놀라고,

아기를 뉘어놓는 장소도 변화를 주어, 소리에 익숙해지게 한다

근처에서 들리는 자동차 경적 소리에 울음을 터뜨려서는 현대 사회 속에서 생활해나가기 힘들지요.

그러니까 가끔은 방석 위에서 재워보기도 하고, 여름에는 수건 한 장만 깔아놓고 마루 위에서 재워보기도 하세요.

창가나 방구석을 잠자리로 삼아 보는 등 **하루에 한 번은 변화**를 줘봅시다.

소음의 볼륨도 서서히 키워보고요. 깨어 있을 때 스위치를 껐다 켰다 하면 청소기 소리에도 익숙해집니다. 슬슬 일어날 즈음이 되면 라디오나 텔레비전 소리를 천천히 키워보는 거지요. 이런 식으로 우선은 방 주변의 환경에 적응시킵시다.

자는 시간이 길면 정적을 유지하기 힘들어지죠. 집이 좁다면 아기를 생활 음에서 분리할 수는 없어요. 또 아기를 조용한 방에 혼자 두면 시시각각 성장해가는 모습을 느낄 수도 없지요. 따라서 가능한 한 **조용히 아기 옆에 함께** 있으려면 어떻게 해야 좋을지 고민해 봅시다.

잠에도 개인차가 있어서 태어난 그날부터 눈을 뜨고 있는 아기가 있는가 하면, 눈을 거의 뜨지 않고 잠만 자는 아기도 있습니다.

엄마 목소리도 작은 소리에서
큰 소리로 들려줘가면 금세
익숙해진다

윤성아

윤성아

자기만 하는 아기는 젖 먹을 때나 기저귀를 가는 잠시 동안에만 마주할 틈이 생기지요.

아기가 잘 때에는 방해하지 않도록 노력한다 해도 생활 음이 아기의 잠을 깨울 거예요. 젖 먹이는 동작이나 기저귀 가는 손길도 엄마가 졸린 밤보다 낮에 더 힘이 들어가지요.

이와 같은 작은 차이를 통해 아기는 낮에는 깨어 있다가 밤에 자는 어른 사회의 리듬에 점점 적응해가게 됩니다.

아기는 자연스럽게 자기에게 더 좋은 것을 습득하며 적응해갑니다. 엄마는 **다정하고 부드러워서 아기에게 기분 좋은 환경**을 제공하도록 언제나 주의를 기울여야 합니다. 특히 목을 가누기 전까지는 말이죠.

하지만 목소리가 큰 엄마라면 늘 부드럽고 다정한 목소리를 내는 건 대단히 힘든 일이에요. 그럴 때에는 목소리를 서서히 보통 세기로 바꾸며 큰 소리에도 놀라지 않도록 적응시켜야 합니다. 그러다 보면 자기를 '돌봐주는 보호자'인 엄마가 내는 큰 소리에는 금세 놀라지 않게 된답니다.

하지만 다른 사람의 목소리에는 여전히 놀랄 수 있으니 다양한 목소리에도 익숙해질 수 있게 소리를 많이 들려주세요.

아기가 큰 소리에 반응하는
'모로 반사'

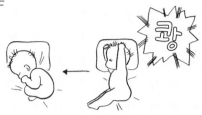

낮 동안에, 특히 엄마가 혼자 아기를 보는 가정에서는, 새로운 소리에 놀라는 아기에게 다양한 방법을 통해 많은 종류의 소리에 익숙해지도록 해 주어야 합니다.

잡음, 고음, 저음 같은 생활 음에 아기가 반응하면 그것을 중심으로 약하게, 천천히, 부드럽게 시작해서 점점 평소와 같은 소리를 들려줘 봅시다.

* 보고 싶지 않을 때는 눈을 감으면 되지만, 소리는 듣고 싶지 않아도 피할 수 없습니다. 소리 자극은 약한 것에서 점점 강한 것으로 바꿔갑니다. 가능하면 엄마가 좋아하는 노랫소리를 들려주는 것이 모자간의 친밀감을 만들기에 좋지요. 큰 소리를 듣고 아기의 발이 오므라들었다가 천천히 펴지는 것을 모로 반사라고 합니다. 엄마의 자궁 안에서는 소리가 거의 들리지 않았으므로 아기는 큰 소리에 반응하며 소리를 기억해갑니다.

엄마가 말을 건네는 목소리나
숨소리도 중요

⑤ 적극적으로 말 걸기
── 뇌세포는 반응하고 있다

아기에게 말을 걸어봤자 이해도 못하니까 소용없다며 입을 다
문 채 안아 올리거나 기저귀를 갈아 주지는 않나요? 그래선 안
됩니다.

저는 언제나 말을 걸었습니다. 안아 올릴 때는 "얌전히 있었네"
라고 말하고, 기저귀를 갈 때는 "기저귀 갈까?"라고 말했지요.
"배고프지?" "어머, 비가 내리기 시작했네." 하고 끊임없이 말을
걸었습니다.

산부인과에 있을 때부터 그렇게 했습니다. "엄마 젖 안 먹으면
너만 손해야." "코가 좀 휘었네." "엄마 밥 먹을 테니까 좀 기다
려." 등등, 내용은 그다지 신경 쓰지 않아도 좋습니다. **말을 거는
목소리와 숨소리, 그와 동시에 일어나는 피부 자극**이 아기에게
필요한 것입니다.

언어를 이해하는지는 문제가 아니지만, 제 경우에는 **유아어가
아니라** 반드시 제대로 된 단어를 사용했습니다.

"참방참방하자"나 "멍멍이" "빵빵"이라고 말하는 대신, **"목욕하**

꽃이 피었어요

자.” “개가 있네.” “**자동차가 지나갔어**”라고 말하는 거지요.

참고로 개가 짖으면 성대모사처럼 울음소리를 흉내 냈지만 개는 언제나 개라고 표현했습니다.

아기는 가까이 있는 사람을 흉내 내며 성장해갑니다. 그 사람이 교본이 되는 셈이지요. **말은 언제나 정확히 발음**해주세요. **특히 모음으로 시작하는 단어는 명확히 발음하며 자주 사용**하도록 합시다.

월령이 높아지면 아기가 자기 입을 볼 수 있게 하고 발음하게 하는 것도 좋습니다.

아기가 태어나면서부터 가급적 간단하고 명료한 언어로 표현하는 습관을 들이도록 노력해주세요. 그러면 언어를 바르게 가르치기 위해 따로 힘들일 필요가 없어진답니다.

아기가 말을 들어도 이해하지 못하는 동안을 실수해도 괜찮은 연습 기간이라고 생각하고, 가벼운 마음으로 수다떨기에 노력을 기울여보면 어떨까요?

두 아들은 수다쟁이 엄마 덕분에 말문이 빨리 트여서 돌이 되기 전에 짧은 문장을 말했습니다.

조잘조잘 떠들며 제대로 걷는 작은 아이를 보면 도저히 돌 전 아기처럼 보이지 않았어요. "엄마가 작아서 아기도 작나봐요." 같은 말도 들어봤지요.

> * 아기는 말은 못하지만 들리는 언어의 일부를 이해하고 반응할 수 있습니다. 아기 뇌의 신경세포가 언어에 반응하고 있는 거죠. 2~3세가 되어 말을 할 때 도움이 되는 신경회로가 이 시기에 서서히 형성되고 있는 것입니다.

⑥ 아기의 눈은 보고 싶어 한다
── 자극이 만들어내는 신경회로

막 태어난 아기의 눈은 거의 움직이지 않습니다. 표정도 거의 없어서 아기가 보고 있는 건지 아닌지 알기 어렵지요.

첫째 아들의 경우, 태어난 그날부터 큰 눈을 뜨고 가만히 응시하고 있었어요. 뭐라도 보이는 것 같은 얼굴을 하고 있었죠.

비슷한 시기에 태어난 다른 아기들은 눈을 감은 채 하루의 대부분을 보냈는데, 첫째는 낮과 밤 꽤 긴 시간 동안 눈을 뜨고 있었어요. 마치 신기한 바깥세상을 바라보는 것처럼요.

병문안 온 여동생이 조심조심 다가와 멀리서부터 아이를 보았

아기 눈에 가까이 갖다대보면 눈동 자가 움직이는 것 을 잘 알 수 있다

보여요

을 때에는 눈이 미세하게 반응하기도 했습니다.

눈이 보이는구나 싶어서 동생에게 천천히, 빨리, 옆에서, 멀리서 다가와보라고 했지요. 너무 가까워도 안 되고 너무 빨라도 안 된다는 것을 알았습니다.

하지만 똑같은 행동을 다른 사람이 하면 반응이 없었기 때문에 동생과 다른 사람의 차이점이 뭐였을까 생각해봤지요.

여동생이 빨간 옷을 입고 있었던 것이 단 하나의 차이었어요.

그 후 저는 신생아를 만날 기회가 있을 때마다 다양한 실험을 해봤습니다. 빨강이나 화려한 분홍색 옷을 입거나 머리에 빨간 천을 두르고, 멀리서부터 천천히, 말없이 가까이로 다가가보았지요.

목도 가누지 못하는 아기가 낳아준 부모보다 나에게 더 큰 반응을 보이니까 특별한 사람이라도 되는 것처럼 "아기 좋아하는 사람은 아기도 알아보나 봐요." 하고 찬탄을 받기도 했지만, 사실은 아기는 옷 색깔과 시야 속에 들어와 움직이는 물체에 흥미를 보인 것에 불과하지요.

볼 수 있는 눈은, 사물을 보고 싶어 합니다. 어른들은 알 수 없지만 막 태어난 아기도 볼 수 있는 것이죠.

아기 눈의 시야, 즉 시계는 성인과 달리 좁아서 눈동자와 눈동

멀리서 가까이로, 왼쪽 오른쪽으로 엄마가 움직이고, 눈으로 따라오도록 한다

자 사이의 연장선 정도라고 표현해도 과언이 아닐 정도입니다.

아기를 눕혀놓고, 얼굴 정면 위에서 멀리 있다가 천천히 가까운 곳으로 다가와서 시점이 맞는 곳을 찾듯 움직여보세요. 찾지 못하는 동안에도 아기가 눈을 뜨고 있다면 같은 동작은 2~3번 반복해주세요.

첫째의 경우 눈을 뜨고 있는 시간이 길었기 때문에 이 훈련은 효과를 거두었어요. 곧 눈이 움직이고 초점이 맞는다는 것을 알게 되었지요. 일주일이 채 지나기 전에 누가 봐도 아기 눈이 보인다는 것이 확실해졌습니다.

좌우에서도 움직여보세요. 시야 밖에서 안으로, 시야에 들어가면 멈추었다가 다시 안에서 밖으로 움직여서 아기의 눈이 동작을 쫓게 해 주세요.

눈동자뿐만 아니라 고개까지 따라 움직이게 되면 아기가 목을 가누기 시작했다는 뜻이지요. 이렇게 되면 안고 있을 때 여전히 목이 휘청거린다고 해도 목을 가누는 것은 시간 문제입니다.

엄마 얼굴을 40~50센티미터
정도에서 가까이 다가가거나
떨어지게 한다

⑦ 아기를 바라보자
—— 주시 훈련

 신생아를 키우고 있으면 "아기가 꼭 보고 있는 것 같네요"라든 가 "보이는 거 아니에요?" 같은 말을 자주 들을 거예요. 아기에 게 물어볼 도리가 없으니 뭐가 보이는지는 알 수 없지요.

 하지만 아기는 **'보기'를 통해 신경세포의 연결고리를 만들고 성 인처럼 볼 수 있게** 됩니다.

 아기가 마치 보이는 것처럼 눈동자를 움직이지 않고 한 곳을 바라보고 있을 때는 눈앞에 있는 점을 가만히 보게 하는 주시 훈련을 합시다. 아기는 마치 주의를 집중하고 있는 듯 보입니다. 하지만 아기의 눈을 잘 관찰하면 반짝반짝 빛나고는 있지만 초점 이 맞지 않아 도저히 한 곳을 오랫동안 보고 있지 못하죠.

 40~50센티미터 정도 떨어진 곳까지 엄마가 얼굴을 가져다대 도 아기의 눈동자는 움직이지 않습니다.

 눈과 눈 사이, 코가 시작되는 부분을 가만히 위에서 아래로 가 볍게 쓰다듬으며 "힘들지?" "피곤하다, 피곤해." 하고 말을 걸면 서 눈을 감겨주세요. 눈을 감으면 쓰다듬기도 멈추고요.

아기가 한 곳을 계속 주시하게 되면 길게 계속할 수 있도록 말을 걸어준다

잠시 후 다시 눈을 떴을 때 여전히 눈동자가 앞을 응시하고 있는지 확인하세요. 계속 보고 있다면, 다시 같은 동작을 반복합시다.

보고 있지 않다면 그때는 엄마의 얼굴을 조금 떨어진 곳에서 40~50센티미터 지점까지 가까이했다 멀리하기를 반복하며 말을 걸고 놀아주세요.

중요한 것은 엄마의 얼굴 쪽을 밝게 해서 아기가 역광을 받지 않게 해야 한다는 겁니다.

하루 종일 몇 번이나 주시를 하는 아기도 있습니다. 하지만 그때마다 상대해줄 수는 없을 거예요. 눈 훈련은 처음에는 하루 한 번으로 충분하니까 매일 해봅시다.

눈을 쓰다듬어주고 나면 눈을 뜨지 않고 그대로 잠들어버리는 경우가 있습니다. 그런 때는 가만히 자도록 두세요. 조용히 눈꺼풀 위를 쓰다듬으면서요. 엄마가 자기 눈꺼풀을 만져봐서 기분이 좋다고 느껴지는 방법으로 약하고 천천히, 부드럽게 쓰다듬어 주는 것이 제일 좋습니다.

제 경우 이럴 때 **늘 같은 자장가**를 불러주었습니다.

눈꺼풀을 쓰다듬으며 **동작에 맞춰 '자장자장 우리 아가'를 노래 했습니다.** 그러는 동안, 졸릴 때나 빨리 재우고 싶을 때 쓰다듬으

며 이 노래를 부르면 저절로 눈이 감기게 됐습니다. 빨리 잠드는 조건이 된 셈이죠.

아기가 적극적으로 주시를 할 수 있게 해봅시다. 눈앞에 있는 것을 계속 바라볼 수 있게 되면, 그 다음 단계는 가능한 한 오랫동안 주시하게 하는 거예요. 엄마가 먼저 적극적으로 반응을 유도해 보세요.

* 눈동자 중심부에 물체의 상을 잡는 행위를 '주시'라고 합니다. 주시는 보기의 기초입니다.

⑧ 기저귀를 갈 때는 마주보고 말을 걸며
—— 기계적으로 다루지 않기

기저귀를 갈아줄 때 아기 발끝만 보고 있지는 않나요?

아니면 입을 다물고 기저귀만 갈고 있지는 않나요?

아기를 물건처럼 다뤄서는 안 됩니다. **기계적으로 다뤄서도 안 되지요.**

기저귀는 하루에 몇 번이나 갈아야 합니다. 그때마다 아기를

엄마 얼굴이 잘 보이도록
정면의 잘 보이는 곳에서
말을 걸어준다

충분히 상대해주면 그 후에는 얌전히 잠이 든답니다. 혼자서 조용히 있는 시간도 길어지지요.

기저귀를 갈아줄 때는 **늘 아기의 얼굴을 보며 말을 거는 것**이 참 좋습니다. 어차피 말도 못 알아듣는데, 상대해봤자 제대로 보이지도 않는데, 같은 생각은 버리세요. **엄마가 아기를 보는 게 아니라, 아기에게 엄마가 보이도록** 하는 겁니다.

아기의 뺨에 숨결이 닿도록 다가갔다가 서서히 얼굴을 멀리하고, 40~50센티 정도 떨어진 곳에서 말을 걸며 기저귀를 갈아줍시다.

"잘 잤니? 기분은 어때?" "잘 자렴, 착한 아기." "○○야, 이제 기저귀 갈자." "엄마야. 보이니?"처럼 부드러운 말투로 다정하게 말을 걸어 보세요.

엄마의 얼굴이 아기의 얼굴에서 멀어지게 되면, **아기가 보기 좋은 곳으로 움직이세요.**

움직이지 않는다고 해서 보이지 않는 것은 아닙니다. 아기가 뚜렷하게 눈을 움직이며 봐주기 전까지는 아기 얼굴을 옆이나 아래쪽에서 보지 않도록 주의하며 기저귀를 갈아주세요.

　아기가 엄마를 보아 아기의 시야 속에 엄마가 들어간 상태에서 크게 움직이고, 상하좌우로 빨리 움직인다 해도 이 시기의 아기에게는 잘 보이지 않습니다.

　아기를 달랠 때 자주 보이는 모습인데요, 엄마가 아기 옆에서 고개를 빠르게 흔들면 아기에게 어떻게 비칠까요? 아마 뿌연 회색 덩어리로 보일 거예요.

　말을 걸었을 때 아기가 엄마를 지그시 응시하게 되면, 일단 응시하게 둔 후에 엄마가 천천히 움직이며 눈으로 쫓을 수 있게 하세요. 이렇게 하면 고개를 흔들며 달래는 행동에도 아기가 반응을 보이게 됩니다. 그렇다고 아기가 기뻐할 거라고는 단언할 수 없지만요.

　막 태어나 고개를 가누지 못하는 아기의 경우, **안고 흔들거나 소리 나는 장난감을 흔들어주며 달래보았자 아무 의미도 없습니다. 아기가 잘 볼 수 있는 장소에 가만히 서서 부드럽게 말을 걸어주세요.**

　* 아기에게 기저귀 가는 시간은 공부 시간입니다.

용을 쓴 다음에는 어깨부터 손끝까지, 옆구리부터 발끝까지 "기분 좋았지?" 하며 천천히 문질러준다

⑨ 용쓰는 아기에게는 마사지를
—— 피부를 눌러 압박하자

막 태어난 아기가 배 근육에 힘을 주고 얼굴이 빨개지도록 끙끙거리며 용을 쓰는 일이 있습니다.

응가를 하려나 싶기도 하고, 너무 힘들어 보여서 걱정될 때도 있는데 둘 다 아닙니다. 건강하게 자라고 있다는 증거지요. 끙끙 용쓰는 게 끝나면 어깨부터 손끝까지, 옆구리부터 발끝까지, **"와, 기분 좋다, 기분 좋다." "기분 좋았지?"** 하고 말을 걸고 양손으로 문지르며 스킨십을 활발히 해보세요. 할 수 있는 **최대한 꼼꼼하게, 천천히.**

몇 번이고 반복해주면 엄마의 리듬에 맞춰 아기가 팔다리를 뻗게 됩니다. 아기가 외부 세계의 자극에 반응해 자신의 팔다리를 움직이기 시작한 거죠.

막 태어났을 때는 보통 이런 반응을 보이지 않습니다.

첫째 아들은 생후 1개월 무렵까지 새빨개지도록 용을 썼습니다. 저의 마사지 횟수도 늘어났고, 아이의 반응 속도도 빨라서 보름 정도 지났을 때는 반응하게 되었지요.

온몸을 가볍게 누르
듯 안고 불안을 없
애주도록 한다

한편 둘째 아들은 둔한 편이라 용쓰는 횟수도 적었기 때문에 반응을 기억하는 데 1개월 이상 걸렸습니다. 마사지에 반응하게 되면 기저귀 갈기도 편해집니다.

아기가 강한 허탈감에 사로잡힌 것처럼 큰 소리로 울 때가 있습니다. 그럴 때는 당황하지 말고 **아기의 손이나 발을 잡으며 온몸을 누르듯 부드럽게 안아주세요.** C섬유 커레스계를 활동시키는 겁니다. 엄마의 몸이 주는 압박을 느끼면 아기는 울음을 멈추고 몸의 긴장을 풉니다.

아기는 스스로 용을 쓰긴 하지만 힘을 잘 조절할 수 없어서 화가 난 것이죠. 쭉 편 팔다리가 불안정하다는 것을 깨닫고 우는 겁니다. 이것은 불안감-공포에 가까운 감정으로, 강한 자극을 받고 울음을 터뜨리는 것과는 다릅니다.

그러니까 보호자는 가까이에 있다는 것을 알려주듯 다정하게 **"괜찮아." "엄마 여기 있어."** 하고 말을 걸어줍시다.

안정을 찾을 때까지 말을 걸며 몸이 움직이지 않도록 해줍시다. 금방 진정될 때는 팔다리를 놀란 상태 그대로 두었다가 다시 펴주며 등부터 손끝까지, 허리에서 발끝까지 쓰다듬으면서 내려옵니다.

　불안한 상태가 오래 지속되면 몸을 손으로 만져주세요. 다리를 펴주고 어깨부터 발끝까지 가볍게 쓰다듬으며 내려오세요.

　이런 일이 있은 다음에 기저귀를 갈 때는 주의를 기울여야 합니다. 평소보다 힘을 준다는 느낌으로 팔다리를 대(大)자로 펴준 후 나중에 소개할 〈기저귀 체조〉를 해 주세요. 손이 허공을 크게 가를 수도 있지만 불안해할 필요가 없다는 것을 경험시켜 줍시다.

　몇 번 반복하면 팔다리의 힘이 갑자기 빠지는 일도 없어지고, 그로 인해 우는 일도 사라집니다.

　*　아기가 팔다리를 뻗으며 긴장할 때 피부를 눌러주면 긴장이 풀립니다. 이는 피부에서 오는 압박으로 '압반사'가 일어나기 때문입니다.

아빠나 할머니가 있을 때에는 아기와 나란히 누워 수유해 봐도 좋다

⑩ 수유, 한 가지 자세만 고집하지 말기
—— 수유법의 변화로 'C섬유 커레스계'를 자극

아기를 잘 안지 못하는 신참 엄마들에게는 안아서 젖을 먹이고 제대로 트림을 시키는 것도 정말 힘들고 지치는 일이죠.

안아서 젖을 먹이기는 2차 세계대전 이후부터 권장되었습니다. 젖병으로 분유를 먹이기가 보급된 것과 관련이 있을까요?

아기와 함께 누워서 수유를 하다가 피곤해서 잠들어 버린 엄마가 아기를 눌러 사망하게 하는 사고가 일어나기도 해서 안고 먹이는 게 낫다는 결론이 나오게 됩니다.

누워서 젖을 먹이면 확실히 엄마도 기분이 좋아져서 졸려집니다. 그래도 **누워서 수유하기는 엄마가 가만히 있어도 아기는 자유롭게 움직이며 젖을 먹을 수 있으니 좋은 수유법**이라고 생각합니다.

아빠나 할머니, 친한 친구들이 옆에 있을 때 누워서 수유해보세요. 잠이 들면 깨워달라고 하면 되니까요.

이런 때는 안심하고 느긋하게 이야기하며 젖을 물려봅시다.

웃음이 나와서 젖이 흔들리면 아기는 필사적으로 그 움직임에

네 발 동물 방식의 수유는 아기가 손발의 움직임을 빨리 익히는 효과가 있다

맞춰 빨기 시작합니다. 너무 심하게 흔들리면, 싫은 듯 손을 움직이기도 하고 얼굴이 새빨개져서 뱉어버리기도 하지요.

그래도 신경 쓰지 말고 20~30분 정도 계속하면 아기는 잘 빨 수 있는 리듬을 찾아 빨기 시작합니다. 뺨에 떨어진 젖에 얼굴 근육을 움직이며 반응하기도 하고, 뺨에서 흘러내려온 젖을 먹거나 만져보기도 하지요.

유방 밑에 눌려서 숨 쉬기 어려워지면 팔다리를 퍼덕거리며 안아서 먹일 때는 본 적 없는 동작을 합니다. 새로운 반응 패턴을 배워가는 것이지요. 다리까지 움직이기 시작하면 이제 곧 목을 가눌 때입니다.

저는 아기를 똑바로 눕힌 후 그 위에 엎드려서 팔다리로 몸을 지탱하며 유방을 아기의 뺨에 닿게 했습니다. 그런 후 양쪽 유방을 아기 입에서부터 같은 거리에 오도록 둔 후 **"좋아하는 쪽을 먹어보렴."** 하고 말하며 아기의 뺨을 유방으로 번갈아가며 살짝 대보기도 했지요.

아기가 빨기 시작하면 한동안 먹인 후에 조금씩 유두를 뺐습니다. 아기는 급하게 따라오며 빨기 위해 더욱 더 힘을 주기 시작합니다.

이때 아기가 스스로 목을 들어 올리려는 느낌이 들면 목을 이미 가누기 시작한 것입니다.

빠는 힘이 약간 더 강해진 정도라면 아직 목을 가누지는 못하는 거예요.

이 네 발 동물(강아지) 스타일은 보기 좋은 모습은 아닐 수도 있어요. 그 대신 아기가 팔다리를 자유롭게 쓸 수 있으니까 다양한 움직임을 배우기 좋다는 이점이 있지요.

다만 계속 같은 자세로 엎드려 있다 보면 팔이 저려서 오래 하기는 어려워요.

* 다양한 반응 패턴을 배울 수 있도록 다양한 수유법을 시도하는 게 좋습니다. 피부가 맞닿는 것은 중요합니다.

이 시기의 손가락 빨기는 '자기 의지로 손을 움직이는 첫걸음'이므로 적극적으로 하게 해도 좋다

⑪ 손가락 빨기, 막지 마세요
── 이 시기의 손가락 빨기는 이상 무!

아기가 손을 입에 넣고 빨기 시작하는 것은 자기 의지로 손을 움직이기 시작했다는 신호입니다.

아기의 감각 중 가장 빨리 발달하는 것은 입입니다. 따라서 아기가 자꾸 손을 입에 넣기 시작했다면, **의지가 싹트기 시작한 증거**입니다. 교육을 하는 엄마 입장에서는 의욕이 생길 일이지요.

둘째 아들은 태어나서 얼마 지나지 않았을 때부터 금방 손을 입에 넣고 늘 배고파해서 간호사가 **'헝그리 보이'**라는 별명을 붙여주며 놀라워했을 정도입니다.

둘째는 평균보다 상당히 빠른 편이었지요. 첫째 아들은 생후 1개월 무렵부터 두리번두리번 눈을 움직였고, 문득 보면 왼손도 오른손도 입에 올라가 있었습니다.

생후 수개월 간 관찰되는 손가락 빨기는 나쁜 버릇이 아니라 스스로 손가락을 움직이고 있다는 의지의 표현입니다. 자기 몸에 있으면서 움직이는 손가락이란 것을 입으로 빨아보고 만져보며

장난감을 다섯 손가락으로 잘 쥘 수 있게 알려준다

조사하고 있는 것입니다. 그러니 **적극적으로 권장해 주세요.**

이 무렵이 되면 손가락을 살짝 건드려서 펴주면 곧바로 펴고, 손에 물건을 쥐어주면 바로 쥡니다.

하지만 아직 손가락을 전부 같은 모양으로 구부려서 쥐지 못하는 경우도 있으니 공갈젖꼭지 같은 장난감을 쥐어줄 때는 다섯 손가락을 모두 사용해서 쥘 수 있게 도와주세요.

대부분의 경우, 손끝이나 발끝에만 큰 힘이 들어가 있거나, 손가락 한두 개가 펴져 있습니다. **다섯 손가락을 같은 강도로 쥘 수 있도록, 아기의 주먹 쥔 손 위를 엄마 손으로 감싸서 손가락 하나하나를 눌러주세요. 부자연스럽게 힘을 주고 버티지 않게 도와주는 거예요.**

이 시기에 아기의 발달과 맞지 않는 장난감을 성급히 사주는 것은 좋지 않습니다. 큰 딸랑이를 손가락 두세 개로 들고 열심히 흔드는 아기를 보기도 하는데요, 이는 무거운 것이 손끝에 있으니까 싫어서 손을 움직이는 것뿐입니다. 딸랑이를 손에 들고 크게 우는 아기는 마음에 안 드는 딸랑이를 손에서 뗄 수가 없어서 그런 거예요.

즉, 자기 의지로 장난감을 들고 내릴 수 없는 겁니다. 게다가 울기까지 하면 전신이 손가락 끝까지 굳어서 더더욱 힘을 풀 수가 없는 거지요.

이럴 때 딸랑이는 장난감 구실을 못하고 있으니 뇌 발달에도 아무런 도움이 안 됩니다. 어른을 위한 장난감이지요.

아기에게는 아직 엄마나 아빠의 손가락을 쥐어주고 흔들어주는 것이 훨씬 효과적입니다. **손끝에서 온기와 숨결이 전해지기 때문입니다. 이렇듯 공기의 움직임이나 복잡한 소리의 진동을 통해 사람과 접하는 것이 아기의 마음을 안정시키고 건전하게 키우는 법**이라고 저는 믿습니다.

* 반사기 손가락 빨기는 금지하지 말고 적극적으로 권장합시다.

⑫ 손가락 놀이를 하자
── 손의 기본 동작은 '쥐기'

막 태어났을 때 꼭 쥐고 있는 아기의 손을 열어보려고 하거나 손가락을 펴보려고 하면 힘이 너무도 세서 억지로 펴는 것이 겁이 날 정도입니다.

반대로 활짝 펼친 손을 접는 것도 보통 일이 아닙니다. 억지로 접어도 곧바로 쫙 펼치지요.

가끔은 접혀 있는 손가락에 생각지도 못한 힘이 들어가 있습니다. 그러다 보니 목욕시킬 때 손바닥이나 손가락 사이를 깨끗하게 씻겨주고 싶어도 못할 때가 있어요. 꼭 쥐고 있는 옷자락이나 실밥, 휴지를 빼고 싶은데 말이에요.

태어날 때부터 손을 펴고 있는 바람에 "손을 쫙 펴고 아주 건방진 아기네." 같은 말을 듣는 아기의 경우에는 손을 쥐어주려고 해도 되지 않지요. 연습이 필요합니다.

손바닥, 손가락을 가볍게 구부렸다가 펴 주세요.

손을 꽉 쥐고 있는 아기의 경우에는 손가락을 가볍게 편 후 엄마의 새끼손가락을 끼워주세요. 도무지 손을 펴지 않으니까 이것

엄마의 새끼손가락을 쥐게 하는 연습을 하여, 잘 할 수 있게 되면 장난감을 줘도 좋다

도 쉽지 않습니다. 억지로 열게 하는 셈이지만, **절대로 강한 힘을 한 번에 주어서 펴지는 마세요.**

쥔 손가락은 좀처럼 열리지 않고, 펼친 손가락도 마찬가지로 쥐게 할 수 없습니다. 아직 스스로 운동할 수 없기 때문이에요.

몇 번이고 조금씩 펴고 굽히는 동안 점점 간단히 할 수 있게 된답니다.

엄마의 새끼손가락을 쥐는 힘에도 서서히 강약이 생깁니다.

이 시기가 장난감을 쥐어 주어도 좋은 때입니다. 보고만 있던 장난감에도 계속 손을 내밀며 온몸을 움직이려 하기 시작합니다.

하지만 아직 손가락을 개별적으로 움직일 수는 없습니다. **이때부터 손가락을 하나하나 만지며 잡아 펴주세요.** 다른 손가락이 따라 움직여도 상관없습니다. 그런 후 엄마의 손을 쥐어주세요. 아기가 예상 외로 강하게 쥐면 아기의 손가락을 잘 관찰해 보아야 합니다.

한 손가락만 심하게 구부러져 있지 않은지, 두 손가락만 그런 것은 아닌지 주의해야 합니다.

앞서 말했듯 **다섯 손가락에 힘을 균등하게 분배해서 쥘 수 있도록** 쥐는 법을 조정해주세요. 또 **손끝을 젖히면서 쥐는 게 아니**

쥘 수 있는 장난감을
궁리해서 쥐여준다

다섯 손가락으로
잘 쥘 수 있도록
하기 위해서 엄마
손가락으로 감싸
쥐듯이 연습한다

라 엄마의 손가락을 돌돌 감싸듯 쥘 수 있게 도와주세요.

엄마 손과 장난감을 살짝 바꿔치기해서 쥐어줘봅시다. 이때에도 **손가락의 위치와 모양에 주의**해야 해요.

아기가 장난감을 두세 번 흔들어보고 바로 손을 바닥으로 떨어뜨린다면 장난감이 너무 무거운 거예요. 좀 더 가벼운 것을 찾아보세요.

아직 손가락을 개별적으로 움직일 수 없는 아기는 쥔 것이 무거워서 지쳐도 바로 손에서 놓아버릴 수가 없습니다. 아기의 상태에 따라 장난감의 무게와 모양을 바꿔야 하지요.

아무것도 들고 있지 않으면 손을 열심히 흔들다가도 장난감만 쥐어 쥐면 가만히 있다는 건 장난감이 무겁다는 뜻입니다.

장난감도 **무게나 두께가 조금씩 다른 것**을 다양하게 준비해주세요.

돈을 주고 시판품을 사지 않아도 우리 주변에 있는 물건을 어떻게 쓰느냐에 따라 얼마든지 적당한 것을 발견할 수 있습니다.

장난감을 떨어뜨리면 시간을 둔 후 다시 쥐어주세요. 아기는 들고 싶어도 스스로 들 수 없으니까요.

전보다 빨리 떨어뜨리면 이제 이 놀이는 쉴 때입니다.

 * 물건을 손으로 잡는 것은 손을 사용하기 위한 가장 기초적인 동작입니다. 손 전체로 쥐기-놓기, 손가락으로 쥐기-놓기 순으로 가능해지지요.

⑬ 엎드리기는 태어나자마자
── 눈을 떼지 마세요

하루에 수차례 엎드리는 습관을 들여보세요. 그러면 아기가 목을 빨리 가누게 된답니다.

엎드린 자세로 아기를 재울 때에는 딱딱한 소재의 매트리스에 눕혀야 합니다. 목을 제대로 가누지 못하는 아기는 고개도 움직일 수 없기 때문에 엎드려 놓으면 코가 바닥에 닿아서 자칫 숨을 못 쉴 수 있기 때문이지요.

그리고 **얼굴은 약간 옆을 향하게** 해주세요. **절대 잊어서는 안 됩니다.**

태어난 직후부터 엎드리기를 시킬 수 있어요. 아직 배꼽이 떨어지지 않았을 때는 아플 것 같기 때문인지 보통 위를 보고 눕히

지요. 하지만 태어나서부터 하루에 한두 번은 엎드려 놓으세요.

이때는 아기가 **입이 아니라 코로 호흡**하고 있다는 사실을 반드시 기억해야 합니다.

딱딱한 침대에서 재우는 의미도 여기에 있지요. 푹신푹신한 이불 위에서는 얼굴이 이불 안에 파묻혀서 숨을 쉴 수 없는 상태에 빠지기 쉽습니다. 이마가 볼록하고 코가 납작한 아기들은 딱딱한 바닥 위라면 옆을 보게 하지 않아도 틈이 생겨서 숨을 쉴 수 있지요.

이 시기의 아기는 몸을 동글동글 말고 있습니다. 굳이 몸을 펴서 엎드리게 할 필요는 없어요. 웅크린 채로도 좋습니다. 설령 팔꿈치를 구부려서 손이 어깨 부근에 있어도 상관없어요. 그 상태로 엎드리게 합시다.

이때, 한 손은 뻗고 있고 다른 손은 굽히고 있는 자세로 눕혀서는 안 됩니다. 아직 아기는 자신의 의지로 움직일 수 없습니다. 엄마가 손도 발도 좌우대칭으로 만들어주세요.

아기는 얼굴이 빨개지도록 용쓰는 일이 자주 있지요. 숨쉬기 힘들어서가 아닙니다. 가만히 코와 입의 위치를 보면서 숨만 잘 쉬고 있으면 잠시 지켜보세요.

아기 등이 구부러져 있으므로, 손으로 문질러주어 등이나 손발이 펴지도록 한다

엄마도 엎드린 자세로 아기와 마주보고 등을 살살 쓰다듬어 주세요. **손의 무게를 살짝 더한 정도의 강도로 말이에요.**

머리를 움찔 움직일 때도 있습니다.

하지만 고개를 드는 것은 아기의 등이 점점 곧게 펴지기 시작한 후입니다. 손, 발, 등이 안쪽을 향해 굽어 있는 시기에는 엎드린 상태에서 숨을 쉬니까 등과 손이 점차 펴지도록 쓰다듬며 지켜봐주세요.

등이 굽어 있는 시기에 아기의 머리가 약간 움직이며 얼굴의 방향이 바뀌었다면, 숨쉬기 힘들어진 게 아닌지 바로 확인해야 합니다.

*10초만 숨을 못 쉬어도 뇌는 산소 부족 상태에 빠집니다. 탄생 직후의 산소 부족은 뇌에 돌이킬 수 없는 타격을 주니 주의하세요.

아기 얼굴을 옆으로 향하게 하면 얼굴이 향하고 있는 쪽 팔은 뻗고 반대쪽 팔꿈치는 무릎 쪽으로 굽힌다. 이것이 '미로 반사'

⑭ 엎드리기를 해도 좋을 때는 미로 반사가 일어날 때
── 미로 반사 강화

엎드리기 첫경험은 아기의 기분도 몸 상태도 좋을 때가 적기입니다.

막 목욕을 하고 난 후에 단 1분 정도라도 좋습니다.

엎드렸을 때 머리를 오른쪽으로도 향하게 하고 왼쪽으로도 향하게 해봅니다. 얼굴이나 머리가 삐뚤어진 아기의 경우에는 **튀어나와 있는 쪽을 향하는 횟수와 시간을 늘려**주세요.

한 방향으로만 눕혀서 성급히 교정하려고 해서는 안 됩니다. 얼굴과 머리의 불균형은 몇 개월에 걸쳐 일어난 것이니 역시 몇 개월을 투자해 고쳐야 합니다. 여유를 갖고 계속하세요.

바닥에 부드러운 타월을 깔고 아기의 옷을 벗긴 후, 우선 천장을 보도록 눕힙니다. 아기의 자세를 잘 관찰해보세요. 보통 손발을 동글게 움츠리고 있답니다.

먼저 머리를 옆으로 돌리세요. 그러면 얼굴이 향하고 있는 쪽의 팔은 뻗고 반대쪽 팔꿈치는 굽힙니다. 속귀의 미로(전정수용기)가 자극되어 일어나는 **'미로 반사'** 때문입니다.

엎드려서 얼굴이 향하는 곳과 반대쪽 손을 뻗으면, 그 손을 구부려 얼굴을 반대쪽으로 향하게 한다

　그 다음에는 고개를 반대편으로 돌리세요. 펴져 있던 팔을 굽히고 굽혔던 팔을 폅니다. 빨리 이 자세를 취할 수 있게 엄마가 도와주세요.

　그러는 동안 손발을 쉽게 움직이게 되며, 얼굴 방향에 맞춰 자세를 취하게 됩니다.

　다만 이런 자세를 취하지 못하는 아기도 있습니다. 그런 경우에는 움츠린 자세 그대로 등을 받쳐주며 엉덩이를 들고 굴려서 엎드리게 한 후, 얼굴을 옆으로 돌려주세요.

　그런 후 손을 가슴 부근에 웅크린 채로 두고 잠시 상태를 살펴보세요. 조금이라도 손을 뻗으려고 하면 우선 손을 가급적 옆구리 쪽으로 빼서 두 손이 가슴 앞에서 교차되지 않도록 해주세요.

　이렇게 해도 손을 움직이려 하지 않으면, 첫째 날은 아기의 이 자세를 사진 찍듯 기억해놓는 것으로 끝입니다. 다음 날에는 처음부터 첫날 해본 엎드리기 자세를 만들어주세요.

　서서히 얼굴 반대쪽 손을 뻗기 시작했다면 조금 도와줍시다.

　이렇게 엎드려 놓으면 얼굴 반대편 팔을 자연스럽게 뻗기 시작했을 때, 그 팔을 다시 가슴까지 굽혀서 양손을 겨드랑이에 붙인

숨이 막히지 않게 주의하면서 엉덩이와 허벅지를 누르기도 하고, 등을 문지르기도 하면서 손발의 움직임을 도와준다

후, 얼굴 방향을 바꿔주세요.

그런 후 손이 어떻게 움직이는지 위치를 관찰합시다.

얼굴 방향을 간단히 바꿀 수 있게 되었다면, 얼굴뿐 아니라 몸 전체를 옆으로 돌려서 얼굴 방향을 바꿉시다.

우선 아기 엉덩이를 들어 올리세요. **엉덩이에 회전의 중심을 둔다는 느낌으로 아기 양손을 겨드랑이에 붙여 옆으로 세워 눕힌 다음, 등을 살짝 눌러 엎드리게 해보고 바로 눕혀보기를 반복합니다. 이때 엄마는 아기의 코를 잘 봐야 해요. 엎드렸을 때는 바로 숨을 쉴 수 있도록 얼굴을 옆으로 돌려주세요.**

이 **회전식 방향전환**이 가능해져도 아기가 그 상태 그대로 손발을 움직이려 하지 않으면 이 이상 앞으로 진행할 수는 없습니다. 며칠을 투자해서 느긋한 마음으로 하세요.

어떻게든 손발을 움직여서 안정적인 자세에 가까워지려고 하는 아기의 경우, 엎드린 자세일 때 주먹이 어깨에 닿을 정도로 양손을 올린 후 엉덩이를 위에서 살짝 눌러주세요.

허벅지도 눌러주세요. 등은 굽지 않게 쓸어주며 펴주세요. 거칠게 다뤄서는 안 됩니다. 아기의 코를 보며 제대로 호흡하고 있는지 주의하는 것이 가장 중요합니다. 그러면서 손발이 잘 움직

낮잠을 자고 난 고양이가 기지개를 켤 때처럼 아기도 등과 다리를 쫙 펴서 머리를 들게 한다

일 수 있게 도와주는 거지요.

처음에는 힘들어 보일 수 있어요. 하지만 아기는 표정 하나 바꾸지 않아요. 무표정이지요. 힘들지는 않지만, 함부로 다뤄지는 것은 싫어합니다.

싫은 표정을 만들 수 있을 때까지 걸리는 시간은 아기마다 다릅니다. 시간이 필요하지요.

* 신생아의 얼굴을 오른쪽으로 돌리면, 오른쪽 목근육이 움직여서 얼굴이 우측으로 향하고, 오른팔이 팔꿈치, 손까지 곧게 펴집니다. 한편 왼쪽 팔의 경우 어깨와 팔꿈치가 움츠러들며, 손은 잡는 자세를 취합니다. 얼굴이 오른쪽을 향하고 있는 동안 계속 이 자세입니다.

미로가 강하게 자극받을수록 반사도 강하게 일어납니다. 이 반사를 이용해 몸을 옆으로 돌렸을 때 팔다리도 함께 움직이게 하면, 빠른 시일 내에 팔과 다리를 함께 움직일 수 있게 됩니다.

엎드리게 한 후 고개를 들 때는 다른 종류의 미로 반사가 일어납니다. 엎드려서 고개를 들면 등과 팔다리가 펴집니다. 마치 낮잠에서 깨어난 고양이가 고개를 들고 기지개를 하며 사지와 꼬리를 펴듯, 아기도 등과 다리를 펴며 고개를 듭니다. 주의 깊게 관찰하면 생후 수개월 동안에는 머리를 조금만 움직여도 미로 반사가 일어나는 것을 알 수 있습니다. 미로 반사가 일어나지 않을 때는 머리의 움직임을 조금 더 크게 해주세요. 그래도 일어나지 않을 때는 조금 빨리 움직여 봅니다.

머리를 치켜들 수 있게
되면, 머리 아래에 타월
을 깔아준다

15 아직 뒤집기는 금물
—— 기기 자세 준비

아기가 엎드린 자세에서 머리를 꼼지락꼼지락 움직일 수 있게 될 무렵이면 등도 점점 펴집니다.

이제까지는 몸의 한가운데, 즉 가슴 부근을 향하고 있던 팔과 다리도 조금씩 바깥쪽을 향하게 됩니다.

이런 시기에 이르면, 엎드렸을 때 손으로 바닥을 짚게 해보세요. 손에 힘을 주어 몸을 들어 올리도록 하면서 다리와 등도 조금씩 쓰다듬으며 펴주고, 허벅지가 침대에 닿도록 눕혀주세요.

머리를 꽤 들어 올릴 수 있게 돼도 내릴 때는 고꾸라지듯 떨어지기 쉽습니다. **머리가 닿는 곳에 타월을 한 장 정도 깔아서 충격을 줄여준 후 지켜봅시다.**

머리를 들고 있을 때, 약간 힘을 주어 등을 누릅시다. 가슴을 내밀게 도와주는 건데요, 지나치게 힘을 주어서는 절대 안 됩니다.

아기에게 자신의 머리는 굉장히 무겁습니다. 가슴을 충분히 열어서 몸이 바닥과 직각을 이루지 않으면 뒤집을 수 없습니다. 그전에 어쩌다가 뒤집기에 성공하면 주의해야 합니다.

아기가 혼자 뒤집다가
부딪히지 않도록 베개
같은 걸로 방호벽을
만들어준다

아직 고개도 잘 가누지 못해서 뒤집었을 때 얼굴을 어디에 둘지 자기 의지로 바꿀 수 없기 때문입니다.

엄마가 보지 않을 때 뒤집으면 위험한 상황에 이를 수도 있으니, **아기의 허리 부분이 움직이지 않도록 베개로 벽을 만들어둡시다. 그리고 하루라도 빨리 가슴을 젖힐 수 있도록 훈련**하세요.

엎드린 상태에서 고개를 드는 것도 다른 근육들의 힘을 빌려서 움직이기 때문에 가능한 것입니다.

다리를 펴고 손을 겨드랑이 옆에 두는 등(엄마가 팔꿈치를 세우고 엎드린 상태에서 어디쯤 손이 있으면 가슴을 젖히기 좋은지 시험해보고, 아기도 비슷한 자세를 할 수 있게 도와주세요), 가슴을 젖히기 편하게 도와주면 금방 고개를 들 수 있게 된답니다.

아기가 머리를 움직이면, 숨을 쉴 수 있는 위치에 얼굴이 있는지 바로 확인하고 숨 쉬기 쉽게 해주세요.

머리를 조금 젖힌 채 정지할 수 있게 되면, 손으로 등을 가볍게 눌러 들기 쉽게 해주세요.

엄마가 엎드려보고 어떻게 하면 편한지, 어떻게 하면 데굴 굴러서 뒤집기 좋은지 시험해보세요. 그런 후 뒤집는 법을 알려주듯

엄마가 엎드려 보아
어떻게 해야 편안한
지 궁리해본다

아기의 팔다리 위치를 움직여주세요.

아기의 호흡이 멈추면 뇌가 산소부족상태에 빠지므로 숨을 잘
쉬고 있는지 끊임없이 확인해야 합니다.

* 머리를 들어 올리는 반사를 이용해서 팔다리를 펴고 최종적으로는 네 발로
서는 자세를 만들 수 있도록 도와주는 셈입니다.

16 젖병은 혼자 물어요
── 외부 세계를 알려주자

젖이 잘 도는 엄마는 젖을 먹여야겠다고 생각만 해도 부푼 유
방이 찌릿하게 아프고 젖이 흘러나옵니다. 육아가 즐거워서 행복
을 느끼는 엄마의 젖은 아기의 입술을 찾는 법이지요. 아기는 엄
마의 온기와 앞가슴에서 풍기는 젖 냄새를 다른 무엇보다 빨리
구분해내는 감각을 갖추고 있습니다.

젖을 먹이려고 안아 올리면 젖 냄새가 풍겨나오고, 아기의 입
술도 쪽쪽 빠는 듯 움직입니다. 유방에 입술이 닿을 때면 식욕증
진제인 침도 충분히 분비되겠지요.

모유는 '육아의 감성을 기르는' 것이므로, 엄마에겐 중요한 일이다

　저는 아기의 배고픔을 인식한 것만으로도 뿜어져 나오는 젖을 보고 모유는 아기에게도 중요하지만 **엄마에게도 '육아 감수성을 키워주는' 소중한 행위**라는 것을 알았습니다.

　제가 아이들을 모유로 키운 것은 사실 제 자신을 위해서였습니다. 너무 불어서 무겁고 화끈거리며 아픈 것도 아기 입에 물리면 바로 잊혀져서 전혀 고통스럽지 않았어요.

　하지만 모유 수유의 즐거움을 알게 될 무렵부터, 모유의 영양분은 아기의 성장에 필요충분한 것이 아니게 됩니다. 모유 이외의 것을 먹여야 할 때가 온 거죠.

　또, 식욕이 왕성한 아기의 배를 가득 채워줄 수 있을 만큼은 나오지 않게 됩니다. 모유와 병행해서 분유나 반유동식을 먹여야하지요.

　분유를 먹일 때는 안아야 한다는 말을 자주 듣는데요, 이 책의 육아법을 따를 경우 그런 말에 집착할 필요는 없습니다. 부족한 모유를 채우기 위해 분유를 먹이는 것이라면 혼자 먹게 해보는 것도 괜찮습니다.

　혹시 아기가 혼자 젖병을 들 수 있다면 들게 해주세요. 손을

혼자서 우유를 먹는 것도
아기로선 대단한 공부이다

떼버리면, 젖병에서 나오던 분유가 콧속이나 목으로 떨어져서 기분이 나쁠 테고, 먹고 싶을 때 제대로 들고 있지 않으면 젖병이 다른 데로 굴러가버릴 수도 있지요.

아기들 가운데에는 젖병으로 분유를 먹는 것을 완강히 거부하는 아이도 있고, 손으로 잘 받쳐서 만족스럽게 먹는 아기도 있습니다.

잘 안 먹는 아기는 빨대나 스푼, 컵을 사용해 먹이면 되고, 잘 먹는 아기는 열심히 빨 테니까 혼자서 마시게 두고 너무 참견하지 마세요.

입 근처에 온 것을 뭐든 빨게 된 후에는 엄마가 이런 식으로 안아주면 맛있는 걸 먹게 된다는 감각을 길러주기 위해 안고 먹이는 게 좋습니다.

울며 배고픔을 호소하기만 했던 아기가 이윽고 젖의 온기와 가슴에서 풍기는 냄새를 통해 식욕이 돋으면 젖을 찾으며 빨리 달라고 보채는 표정을 짓게 됩니다. 팔다리를 재촉하듯 움직이게 되면 아기 혼자서 분유를 마시게 하고, 엄마는 옆에서 가만히 보고 있든지 손만 조금 보태며 지켜보세요. 아기는 몇 번의 실패-분유가 코에 들어가거나, 눈에 들어가거나, 젖병이 어디로 갔는지 알 수 없거나 등등을 거친 후 많은 것을 배웁니다.

엄마가 얼마나 고마운 존재인지, 먹는 건 얼마나 힘든 일인지, 음식은 어떻게 맛보는지, 입안에는 얼마나 복잡한 감각이 있는지를 혼자서 배워가는 것이죠.

* 혼자서 분유를 먹으며 다양한 외부 세계를 알아가는 것도 아기에게는 소중한 공부입니다.

⑰ 첫 옹알이는 엄마도 함께
── '상자 육아법'으로 세계를 공유하자

내는 소리라고는 울음소리밖에 없었던 아기가 스스로 들이마신 공기를 조금씩 내보내며 구구, 부부 하는 소리를 내게 됩니다.

기분이 좋을 때는 혼자 소리를 내며 놀기도 하지요.

이 시기가 되면 의미 없는 소리도 곧잘 냅니다.

이런 때 **엄마가 대답하며 말을 걸어선 안 됩니다.**

아기는 엄마를 부르는 게 아니에요. **자기가 낸 소리라는 것을 알 때까지는 가만히 자기 목소리를 듣게 해주세요.** 시간이 좀 걸

릴 거예요.

　아기가 더 이상 소리를 내지 않고 조용해지면, 아기가 낸 소리를 흉내 내보세요. 뺨에 숨이 닿을 만큼 얼굴을 가까이 대고 귓가에서 강하고 느리게 반복해서 들려주세요.

　뺨이나 귀 부근에 숨이 닿도록 아기의 음색을 흉내 내며 들려주는 거예요.

　처음에 아기는 자기가 소리를 냈다는 것을 알아차리지 못하고 자기가 낸 이상한 소리에 몸을 떨며, 간혹 울음을 터뜨리기도 합니다.

　그런 때는 곧장 엄마가 위에서부터 덮어주듯 다가오세요. **엄마 몸의 온기를 느끼게 해주며 아기 이름을 조용히 불러주세요.** 이때 **C섬유 커레스계 시스템**(49페이지)을 이용합니다. C섬유 커레스계 시스템을 활성화시키기 위해서는 엄마 피부를 아기 피부에 직접 닿게 하는 것이 좋습니다.

　이렇게 해주면, 지금 낸 이상한 소리는 내가 낸 거구나, 그렇게 힘을 주면 안 되는구나, 하고 아기도 깨닫게 되지요.

　팔다리를 움직이며 "와아, 와아." 하고 소리를 낼 수 있게 되

아기가 소리를 내지 않으면 아기 목소리를 흉내 내어 듣게 해준다

면, 목소리를 꽤 조절할 수 있게 된 겁니다. 이제야 아기와 목소리를 통해 교류할 수 있게 된 거죠.

아기는 의미 없는 말을 내뱉지만, 엄마는 바르게 말을 걸어야 합니다. **"그래, 기쁘니?" "왜?" "아직 쉬는 안 했나요?"** 같이 짧은 말을 얼굴을 보여주며 해주세요.

멀리 떨어져 있어도 **"빨래 널 거야." "이제 금방 끝나요."** 같은 말을 아기가 들을 수 있는 위치에서 해주세요.

제 경우에는 아기의 신체 사이즈와 비슷한 크기의 큰 상자 속에 아기를 넣고, 목욕탕이나 부엌 입구 근처로 데리고 다녔습니다. 빨래하는 소리나 요리하는 소리를 들려주고 말을 걸며 **한시도 떼놓지 않는** 육아를 아기가 혼자 앉아서 놀 수 있을 때까지 계속했습니다.

변화무쌍한 자극을 가볍고 약하게 반복해서 제공해왔다면 이 무렵에는 웬만한 소음이나 큰 소리에도 놀라지 않을 거예요. 우는 일도 거의 없을 테지요. 얌전히 엄마의 행동을 보고 있었다면, 빨래면 빨래, 청소면 청소처럼 일이 하나 끝날 때마다 안아서 등을 쓰다듬으며 "이번에는 밖에서 빨래를 널 거야." 하고 말해준 후 다시 상자에 넣고 일광욕도 시킬 겸 데리고 나갑니다.

이제 **이 골판지 상자는 즐거운 상자**가 되지요.

상자 속에 넣으면 아기의 가슴은 기대로 가득 차고 기분이 좋아집니다. 그렇다고 해서 아기만 상자에 넣어두고 엄마는 **멀리 떨어진 채 방치하지 않도록** 합시다.

이 상자는 아기에게 **엄마와 함께 있고 함께 생활한다는 의식을 심어줍니다.**

엄마가 일하고 있을 때는 자기 이외의 사람이 하는 일에 흥미를 가지고 **조용히 기다리는 연습**이 됩니다.

중간에 운다면 원인을 찾아보세요.

가까이에 있으니까 눈부심이나 상자 바닥의 냉기, 큰 소리 등 잘못된 외부 자극이 있다면 바로 알아챌 수 있을 겁니다. 그에 맞는 조치를 취하면 되지요.

지루해져서 우는 경우에는 상자에서 꺼내서 침대에 눕힌 후 가만 내버려둡니다. 이렇게 하면 **엄마가 일하는 동안에는 스스로 지루함을 없앨 방법을 생각해내야 한다는 것**을 알게 되지요.

상자 안은 즐겁지만 엄마의 행동만 볼 수 있는 공간이라는 것을 깨닫기 시작합니다.

상자 안에 들어가는 것을 거부하며 혼자 놀 수 있는 장소를 선

골판지 상자에 넣어
언제나 엄마가 보이
는 곳에 놓아둔다

호하는 경우도 생기기 시작할 거고요.

이렇게 되면 **혼자 집중해서 노는 시간을 연장하는 훈련**이 가능해집니다.

엄마 옆에 놓인 상자 속에서 만족하는 동안에는 언제든 엄마가 어떻게 행동하는지 보여주세요.

> * 자립할 수 있는 개성은 이렇게 해서 싹틉니다. 아기가 깨어 있는 동안에는 엄마와 아기가 늘 같은 세계를 공유하며 서로를 흉내 내세요. 아기의 세계가 넓어집니다.

욕조에서 체조를 합시다

아기 돌보기가 슬슬 익숙해졌으면 아기를 욕조에 넣어봅시다. 적어도 하루에 한 번은 입욕시키세요. 몸의 청결을 유지하기 위해서만은 아닙니다. 온 몸을 따뜻한 물에 담그며 기분을 전환하고, 생활 속에 휴식과 활동의 리듬을 만드는 거지요.

건강한 아기들은 본디 목욕을 아주 좋아합니다.

하지만 아기 보기가 서툰 엄마들에게는 거사를 치루는 셈이지요.

목욕 중에 벌어진 작은 실수로 인해 목욕이라면 질색을 하며 목욕탕에만 들어가면 우는 아기가 될 수도 있어요.

지나치게 조심스럽게 안다가 생각지 못한 아기의 움직임에 손이 미끄러져 아기를 놓칠 뻔하기도 합니다.

발가벗은 아기는 쉼 없이 움직인다는 사실을 잊지 마세요. 그렇다고 아기가 움직이지 못하게 눌러서, 움직이지 않는 덩어리처럼 욕조에 넣으면 또 다른 문제가 발생하지요.

아기를 욕조에 넣을 때에는, 한쪽 손바닥을 목뒤에 가볍게 대고 양쪽 귓구멍을 막습니다. 새끼손가락이 닿는다면, 손가락으로 아래턱 부근을 받치세요. 그런 후 욕조 속으로 최대한 손을 뻗어 아기의 턱이 물에 잠길 정도로 아기를 넣습니다. 엄마와 아기의 몸이 가급적 닿지 않도록 하세요.

한쪽 손으로만 넣는 게 불안하다면, 다른 손을 살짝 아기의 아래턱에 대세요. 아기의 팔다리가 물속에서 자유롭게 움직일 수 있게 해주세요.

아기가 손발을 움직이면 선 채로 헤엄치고 있는 것처럼 보입니다. 사

목욕 체조 하는 법

한쪽 손바닥을 목뒤에 가볍게 대어 양쪽 귓구멍을 막고, 아기의 턱이 물에 잠길 정도로 아기를 넣습니다.

엄마 양 손으로 살짝 아기의 아래턱을 받치고 양손을 펴면, 아기는 물속에서 팔다리를 자유롭게 움직일 수 있습니다.

실은 서지 못하는 아기라도 이 상태라면 헤엄칠 수 있지요. 물속에서는 팔다리가 가벼워져서 움직이기 좋습니다. 이때는 입안에 물이 들어갈 정도로 깊이 넣어주지 않으면 오히려 싫어할 거예요.

물속이라 몸이 가벼워졌다곤 하지만 엄마에게 기대고 있는 목이나 귀에 체중이 실리기 때문에 힘들어 보이지요.

아기가 익숙해지면 약간의 무게감은 문제가 되지 않습니다. 아래턱에서 손이 떨어지지 않게만 주의하면 위험하지 않습니다.

목욕이 좋아진 아기는 아무 생각 없이 손이나 발을 반사적으로 움직이는데, 마치 배영이나 개헤엄처럼 마치 헤엄치고 있는 것처럼 보입니다. 엄마가 팔을 뻗어 받쳐주지 않으면 아기의 팔다리가 엄마의 몸 어딘가에 부딪힙니다.

저는 좁은 욕조 안에서 아기만 물에 넣고, 저는 다리만 담그고 있던 적도 있습니다. 아래턱을 가볍게 받쳐주기만 해도 기분 좋아 보이는 아기의 얼굴을 볼 수 있습니다. 목욕을 좋아하게 된 거지요.

목욕을 즐기는 아기도 가끔은 울 때가 있습니다. 목욕이 싫어서가 아니라 놀랐기 때문입니다. 어른에게는 별 것 아닌 자극도 아기는 강한 자극으로 받아들입니다.

푹 젖은 옷을 살짝 벗겨주었는데 얼굴이 새빨개지도록 찡그리는 일도 있고, 미지근한 물인데도 어제보다 거칠게 끼얹었다거나, 입에 물이 들어간 걸 보고 엄마가 놀라 소리 지르며 황급히 물에서 꺼내 올리면, 팔다리를 뻗으며 등을 젖히고 전신이 경직되기도 합니다.

아기가 깜짝 놀랐을 때 재빨리 조치를 취하지 않으면, 그것이 계기가 되어 울음을 터뜨리고 목욕도 싫어하게 됩니다. 그렇게 되면 옷을 벗기

아기가 깜짝 놀라 울기 시작하면 곧바로 세게 안아주면서 부드럽게 말을걸어주며 안심시킵니다. 이렇게 하여 엄마에 대한 신뢰감이 쌓이며 온순한아이로 자라게 됩니다.

고 속옷만 남은 상태가 되기만 해도 울고, 물을 끼얹어도 울기 시작합니다.

어떤 경우든 아기가 놀랐다고 느껴지면 곧바로 동작을 중지하고 강하게 안아주세요. 신경을 자극해 쾌감을 주는 겁니다.

"괜찮아, 엄마 여기 있어." 하고 부드럽게 말을 걸며 뺨을 비비세요. 강한 자극에 놀라도 보호받고 있다는 안심감이 바로 찾아오면 엄마에 대한 신뢰가 쌓이며 온순한 아이로 성장합니다.

조치가 늦어져 안아줄 때를 놓친다면 놀람이 '공포'로 바뀔 수 있어요. '공포'는 좀 더 클 때까지는 몰라도 되는 감정입니다.

* 아르키메데스의 원리에서 알 수 있듯 공기에서보다 물속에서 몸이 더 가벼워집니다. 아기도 물속에 있을 때 반사적으로 팔다리를 잘 움직일 수 있는 것이지요. 욕조에 들어가면 목욕의 즐거움을 알 수 있고 생활에 리듬이 생깁니다. 물속에서 가볍게 팔다리를 운동시키면 물 밖에서 움직일 때도 도움이 되지요.

기저귀 체조를 합시다

대소변이 묻어서 불쾌한 기저귀를 바꿔주는 것이 기저귀 갈기의 전부는 아닙니다.

기저귀 갈기는 배변 훈련의 첫걸음이고, 아기가 팔다리를 자기 의지로 움직이는 공부를 하는 좋은 기회이기도 합니다.

기저귀 체조는 몸과 뇌의 발달에 따라 3단계로 나뉩니다. 뇌와 몸이 발달할수록 더 어려워지지요.

제1단계에서는 '새 기저귀는 기분 좋아.' '더러운 기저귀는 싫어'를 가르칩니다. 제2단계에서는 엄마가 주는 자극에 맞춰 팔다리 뻗기를 가르칩니다.

제3단계에서는 자극에 맞춰 팔다리를 움츠리고 그 상태를 유지하는 법을 가르칩니다.

이런 단계를 거쳐 자극이 없어도 스스로의 의지로 팔다리를 움직일 수 있게 합니다. 기저귀 체조는 팔보다도 다리를 위한 훈련입니다.

기저귀는 하루에도 몇 번씩 갈게 됩니다.

'새 기저귀는 기분 좋아'를 가르친다

막 태어난 아기라 해도 하루에 최소 10회는 될 거예요. 기저귀를 가는 순간이 바로 기저귀 체조 시간입니다.

우선 천장을 보고 누워 있는 아기의 발치에, 아기 얼굴을 바로 정면에서 마주보며 앉습니다. 아기와 어긋나게 앉아서는 절대 안 됩니다. 두 발을 옆으로 빼고 앉는 등 비뚤고 바르지 못한 자세는 피하세요. 바르지 못한 자세로 체조를 시키면, 엄마가 기저귀를 가는 동작이 아무래도 둔하고 느려지며, 엉성해집니다.

기저귀 체조(1)

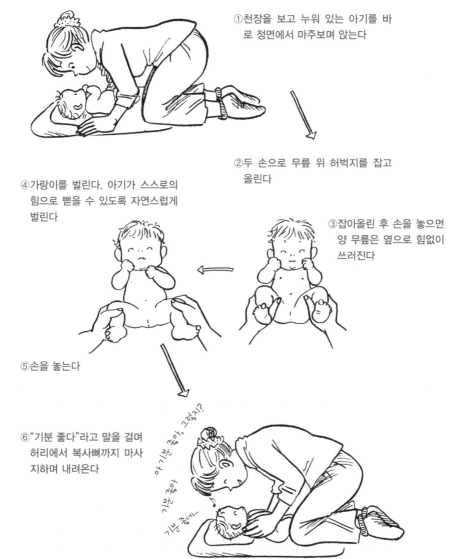

①천장을 보고 누워 있는 아기를 바로 정면에서 마주보며 앉는다

②두 손으로 무릎 위 허벅지를 잡고 올린다

③잡아올린 후 손을 놓으면 양 무릎은 옆으로 힘없이 쓰러진다

④가랑이를 벌린다. 아기가 스스로의 힘으로 뻗을 수 있도록 자연스럽게 벌린다

⑤손을 놓는다

⑥"기분 좋다"라고 말을 걸며 허리에서 복사뼈까지 마사지하며 내려온다

기저귀 체조는, 첫째 날에는 기저귀를 한 번 갈 때 한 번, 둘째 날에는 두 번, 그 후에는 1~3회 정도 계속하면 아기는 스스로 팔다리를 뻗을 수 있게 된다.

더러워진 기저귀를 뺐다면 새 기저귀를 한 장 엉덩이 밑에 깔고 시작합시다.

두 손으로 무릎에 가까운 허벅지를 가만히 잡고 살짝 올려주세요.

기저귀를 갈 때처럼 발목을 잡는 것이 아닙니다.

허벅지를 잡으면 큰 힘을 주지 않아도 무릎이 올라갈 거예요.

다음엔 들어 올린 허벅지에서 손을 뗍니다.

무릎에서 힘이 빠지며 옆으로 쓰러지게 됩니다. 아기는 좀처럼 자기 힘으로 발을 뻗지 못합니다. 양 가랑이를 좌우로 벌리며 발을 바닥으로 떨어뜨리거나 한쪽으로 모은 채 쓰러집니다.

가랑이가 저절로 벌어지거나, 벌어진 모양이 좌우가 다르다면 주의하세요. 고관절 이상일 가능성이 있습니다.

다음에는 가랑이를 조금 벌립니다. 강한 힘을 주어 벌려서는 안 됩니다.

아기가 자기 힘으로 다리를 뻗을 수 있게 될 때까지 힘을 줘서는 안 됩니다.

잠시 동안 벌린 채로 둡니다. 1, 2, 3을 셀 정도의 시간입니다.

이때도 앞 페이지의 그림처럼 힘을 주었는데, 벌어진 모양이 좌우가 다르다면 주의하세요. 황급히 의사에게 달려갈 필요는 없지만요.

첫 체조는 여기까지입니다.

무릎 올리기 1회, 가랑이 벌리기 1회가 첫걸음입니다. 끝나면 기저귀를 채워주세요.

하지만 이것으로 끝은 아닙니다. 마지막으로 "아 기분 좋아, 그렇지?" "기분 좋네－." 하고 말하며, 기저귀와 옷을 입힌 채로 허리에서 복사뼈까지 쓰다듬어 내려오세요. 살짝 눌러주듯 힘을 조절하며 쓸어 내려오는 겁니다. 천천히. 1초당 3센티미터 정도의 속도가 적당합니다. 그보다 느려도 빨라도 발생하는 쾌감은 줄어듭니다.

제1단계 기저귀 체조는 아직 체조라고는 할 수 없지요. 기저귀가 더러우면 기분이 나쁘다는 것을 알리는 의사표시를 하루 빨리 할 수 있게 만드는 것이 목표입니다.

전신 쓸어주기는 저희 할머니 때부터 해왔습니다.

할머니는 손자 손녀의 기저귀를 갈 때 쓸어주면서 "깨끗해져서 옥가마를 타거라." 하며 어르곤 하셨지요.

기저귀 체조는, 첫째 날에는 기저귀를 한 번 갈 때 한 번, 둘째 날에는 두 번, 셋째 날에는 세 번 정도가 좋습니다. 그 이상 늘리지 않도록 합시다.

아기가 쓸어 내려주기에 동조해서 용을 쓰면 성공입니다. 그러면 다음 단계(기저귀 체조 제2단계)로 넘어갑시다.

기저귀는 하루에도 몇 번이나 갈아야 하지요. 그때마다 이 체조를 하는 거예요. 그러니 체조 횟수를 늘리면 운동과잉이 되는 겁니다.

체조를 시키는 중이라고 너무 의식하지 마세요. 기저귀를 갈았을 때의 상쾌함을 강조하고, 기저귀가 더러울 때의 불쾌함을 아는 아기로 기르는 체조라고 생각합시다.

하는 김에 팔도 쓸어내려 주세요.

기저귀를 갈 때 팔다리를 쓸어 늘려주면, 얼굴에 기분 좋은 표정이 떠오르는 것이 눈에 보일 거예요. 아기 스스로도 팔다리를 뻗으며 힘을 준다면, 기저귀 체조 제2단계로 넘어갈 때입니다.

엄마가 주는 자극에 맞춰 팔다리 뻗는 법을 가르친다

엄마가 팔다리를 쓸어주면 그에 맞춰 아기도 스스로 팔다리를 뻗으려 하는 시기가 옵니다. 그때면 목도 어느 정도 가누게 되고, 똑바로 눕혀도 몸을 움츠리지 않고 팔다리를 대자로 벌린 채 잘 수 있게 됩니다. 약간만 받쳐주면, 앞으로 고꾸라지긴 하지만 앉을 수 있게 되는 시기지요.

그럼 본격적으로 기저귀 체조를 시작합시다.

엄마가 팔다리를 쓸어줄 때 그에 맞춰 팔다리를 뻗게 되었다면, 다음엔 한 발씩 운동시키기입니다.

아기를 똑바로 눕힌 후, 무릎 뒤에 손을 대고 엉덩이 쪽으로 밀어올려서 마치 씨름 선수들이 준비동작을 하는 자세로 만듭니다.

한두 번 해보아서 별로 힘을 주지 않고 굽히게 되면, 다음에는 무릎 밑에서 다리를 잡고 모든 관절(엉덩 관절, 무릎 관절, 발목 관절)을 천천히 접어줍니다.

"하나, 둘. 하나, 둘"이나 "으싸 으싸." 같은 구령을 리듬에 맞춰 붙여보세요.

이때는 신경 써서 같은 동작에 같은 구령을 붙이도록 합시다.

굽힐 때는 도와주듯 힘을 주어 깊게 굽히고, 펼 때는 가급적 아기 스스로의 의지로 펴게 하세요. 조금만 펴준 후 아기가 스스로 뻗기를 기다려주듯 당기세요. 허벅지도 살짝살짝 눌러주면서, 다리를 의식시키며 펴게 하는 겁니다.

처음에는 굽힌 채 좀처럼 펴보려 하지 않을 거예요.

기저귀 체조 제1단계에서 쭉쭉 펴는 상태가 기분 좋다는 것을 충분히 알게 된 경우라면 곧 스스로 펴게 됩니다.

보통은 굽힌 채 있으니까 처음에는 엄마가 힘을 빌려주어야 합니다. 당겨서 펴주지 않으면 펼 수 없을 거예요.

이때 반드시 주의해야 하는 것은 한 번에 강하게 당기면 안 된다는 겁니다. 다리를 당기는 게 아니라 아기의 의지를 당기는 느낌으로 슬슬 당겨주세요.

기저귀 체조(2)

①손으로 아기의 한쪽 허벅지를 들어올려 굽힌다.

②손을 떼고, 아기가 스스로 발을 뻗도록 도와주는 느낌으로 당긴다

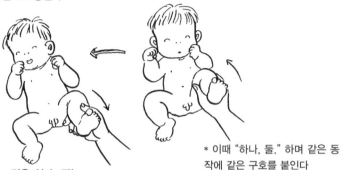

* 이때 "하나, 둘." 하며 같은 동작에 같은 구호를 붙인다

* 발을 굽히는 것은 엄마, 뻗는 것은 아기다. 두 사람이 호흡을 맞춰 리듬을 타고 해보자

손 체조①

①양손을 어깨까지 굽힌다

손 체조②

①엄마의 한쪽 손가락을 쥐어주고 아기의 몸이 바닥에서 떨어질 정도로 끌어올린다

②손가락을 잡고 있는 상태에서 천천히 내려놓는다

②그 손을 옆으로 뻗게 한다. 뻗으려 하지 않을 때는 도와준다

이 체조는 엄마가 다리를 굽혀주면 아기가 펴는 겁니다.

두 사람의 호흡이 맞아서 둘의 움직임이 리드미컬해지면 굽힌 상태에서 손을 떼도 아기는 구령에 맞춰 다리를 뻗기 시작합니다.

아기가 스스로의 의지로 뻗은 다리를 엄마는 손바닥으로 받아주세요. 보통 바닥보다 높은 위치로 뻗습니다. 다리를 받은 후에는 그대로 손을 바닥에 붙였다가 다리를 가볍게 들어 올리며 굽히도록 도와주세요.

처음에는 두 발을 모아서 해주다가 서서히 한 발씩 교대로 훈련합니다. 조금이라도 굽혔다면 곧 구령에 맞춰 발을 굽힐 수 있게 됩니다.

뻗은 발은 가능한 한 내려서 직립자세에 가까운 모양으로 만들고, 다리를 굽혔다 펴며 운동시켜 주세요.

팔 체조도 같은 방법으로 합니다.

손을 어깨까지 닿게 굽혔다가 옆으로 뻗게 합니다. 팔꿈치 관절을 살짝 들어 올려 아기가 뻗게 합니다. 뻗으려 하지 않으면 다리 체조와 같은 요령으로 도와줍시다. 이때도 아기 손이 허공에 떠 있지 않게 하세요.

기저귀를 갈 때 팔다리를 펴고 쓸어주면, 그에 맞춰 팔다리를 뻗게 됩니다. 발목을 들고 굽혔다 펴주면 큰 저항 없이 할 수 있게 됩니다.

좌우를 동시에 굽혔다가 폅니다. 그다음에는 돌아가며 "하나, 둘." 하고 움직여줍니다. 발목을 잡은 채 실시합니다.

이렇게 구령을 붙이면 자기 힘으로 뻗어보려고 하기 시작합니다.

엄마의 도움은 점점 필요 없게 되지요.

발바닥의 쏙 들어간 곳을 살짝 누르면 굽히려는 움직임을 보이고, 발목을 들고 누르거나 당길 때 힘이 거의 필요없게 되었다면, 이번에는 발바닥을 누르는 손을 조금씩 발가락 쪽으로 이동시킵시다.

그러다가 발가락 부근에 이르렀을 때 아기가 발가락에 힘을 주고 엄마의 손바닥을 차면 대성공이지요.

다리를 번갈아가며 굽혔다 펼 수 있게 되면 팔 훈련도 다음 단계로 넘어갑니다.

엄마의 한쪽 새끼손가락을 아기가 쥐게 합니다.

강하게 쥐었다면 그대로 올리세요. 아직 등이 바닥에 붙어 있지만, 조금 더 하면 아기의 몸이 바닥에서 들어 올려질 것 같은 순간까지 올립니다.

혹시 불안하다면 반대편 손을 아기 등 밑에 대고 무게가 줄어드는 것을 보다가 아직 무게감이 남아 있을 때 멈춥니다. 몸이 떴는지 아직 붙어 있는지를 눈으로 확인하려고 하면 안 됩니다.

당기는 손의 힘을 조절해가며 점차 강하게 들어 올립니다. 천천히, 횟수를 거듭하며 상반신과 바닥이 직각이 될 때까지 올립니다. 손바닥과 손가락의 힘을 길러주는 겁니다.

이 체조도 역시 여유를 갖고 좌우를 돌아가며 합니다. 양쪽 팔 모두 등까지 따라 올라올 만큼 힘이 생겼다면, 어깨 밑에 두었던 반대편 손도 합세해서 두 손을 쥐게 합니다.

이때 아기가 갑자기 손가락을 펼치기도 하므로 만약을 위해 충분한 힘이 생기기 전까지는 한 손씩 번갈아가며 해야 합니다.

이번에는 양손을 동시에 실시합시다. 여전히 손을 펼 수도 있으니 엄마는 새끼손가락이 아니라 집게손가락을 쥐어주세요. 아기가 손가락을 걸면 엄지로 위를 눌러주세요.

처음에 아기는 팔꿈치를 굽혔다 펴기만 할 뿐입니다. 꽉 잡았으니까 괜찮겠지, 하며 다음 단계로 넘어가선 안 됩니다. 기저귀 갈 때마다 조금씩 진행해서 전 과정이 가능해지면 충분합니다. 절대 조급하게 굴어서는 안 됩니다.

우선은 악력을 키워야 합니다. 자기의 상반신을 받치기 위한 팔의 힘이 아니라 손아귀 힘입니다. 손아귀 힘이 생기면 등까지 들고 상반신을 전부 움직이는 것도 금세 가능해집니다.

처음에는 부드럽고 천천히, 확실히 굽혔다가 펴는 것, 다섯 손가락을 모두 써서 쥐는 것, 오랫동안 쥐고 있을 수 있는 것이 중요합니다.

이렇게 당기거나 누르며 엄마와 아기가 씨름을 하는 동안 엄마의 손에 어떤 식으로 힘이 들어가는지를 보면 아기가 주로 쓰게 되는 손이 어느 쪽인지 알 수 있습니다.

잘 쓰지 않는 팔과 다리를 더 움직이게 해서 좌우의 차가 벌어지지 않게 해주세요. 컸을 때 어떤 스포츠라도 할 수 있게 되길 바라는 마음을 담아서 말이에요.

좀 전에 말한 다리 운동에서 중요한 것은 엄마의 유도에 아기가 따르는 것입니다. 스스로 뻗을 수 있게 되면 반드시 건드린 쪽 다리를 굽히도록 해야 합니다. 발바닥을 살짝만 눌러도 굽히거나, 건들지도 않았는데 굽히게 하는 게 아닙니다.

잘하게 되면 자극을 점차 줄여갑니다. 이 다리 운동을 일찍 배운 아기는 스포츠를 좋아하는 아이로 자랄 거예요.

발바닥을 눌렀을 때 금방 굽히게 되면, 다음에는 약한 자극만으로도 굽힐 수 있게 합시다.

허벅지 바깥쪽에서 아래를 향해 집게손가락으로 쓱 만진 후에 발목을 가볍게 당겨서 폅니다.

몇 번 반복하면(기저귀를 갈 때마다 2, 3회씩) 발바닥을 눌렀을 때 굽히고, 허벅지 바깥쪽을 만졌을 때 뻗게 됩니다.

"하나, 둘. 하나, 둘.""이제 펴고, 이제 굽히고." 같은 운동할 때 사용했던 구령만 들어도 팔과 다리를 움직이게 되지요.

다리에 중점을 두고 먼저 훈련시키세요.

기저귀 체조를 빨리 떼는 아기는 운동기능 발달이 빠른 아기입니다.

기저귀를 갈 때마다 몇 번씩 해주세요. 한쪽 발씩 번갈아가면서 하고, 두 발을 모아서도 하세요. **끝내기 전에는 반드시 두 발을 모은 후 쓸어내려주며 종료합니다.**

 제3단계

자극에 맞춰 팔다리를 굽히고 같은 자세를 유지하는 법을 가르친다

손을 떼도 앞으로 고꾸라지지 않고 앉아 있을 수 있게 될 즈음, 아기의 관절은 아직 굳지 않아서 몸이 부드럽습니다. 허리를 접고 몸을 숙이면 쉽게 발을 입으로 가져갈 수 있지요.

기저귀 체조 제2단계를 다 뗀 아기라면 이 시기에 제3단계로 넘어갑시다.

지금까지는 가랑이를 옆으로 벌린 후 배 근처까지 굽혔는데요. 지금부터는 무릎을 모아주며 다리를 더 강하게 굽힙니다.

이 운동은 배를 압박하기 때문에 식후 한 시간 정도 지난 후부터 실시합시다. 약간 공복일 때가 몸을 잘 움직일 수 있기 때문에 좋습니다.

시작하기 전에 종이 기저귀를 채워주세요. 발가벗은 채로 하다간 몸을 움직이고 있을 때 그만 오줌을 싸버릴 수도 있거든요.

아기가 거기서 쾌감을 느껴도 안 되고, 엄마가 깜짝 놀라 체조를 중단해버려도 문제입니다. 몸을 움직이는 즐거움을 알려주는 것이 목표이니까요.

아기가 자기 발가락을 볼 수 있게 몸을 접어준 후, 엄지발가락, 둘째 발가락, 하며 순서대로 소리를 내며 만져줍니다.

저는 "엄지발가락, 안녕! 둘째 발가락, 안녕!" 하며 발끝을 가볍게 움직여 주었습니다.

이때 아기가 발가락을 잡고 싶어하면, 아기 손을 잡고 같이 다섯 발가락 모두 만져보게 해주세요. 끝나면, 쭉쭉 몸을 펴주고 전신을 쓸어내려 줍니다.

다음에는 손으로 발을 잡게 합니다.

오른손으로 오른발, 왼손으로 왼발을 잡게 해보고 그 다음에는 오른손으로 왼발, 왼손으로 오른발을 잡게 합시다. 너무 힘을 주지 않게 가볍게 잡을 수 있게 되었다면, 이번에는 양손을 교차시켜서 양발을 동시에 잡게 해봅시다.

이 상태를 조금 유지시킨 후 아기가 손을 떼면, 다리가 콩 하고 떨어질 정도의 가벼운 운동으로 마무리해줍시다.

이 운동을 하루에 한두 번, 기저귀 갈 때가 아니어도 해봅시다.

그를 통해 허리와 손에 힘이 생깁니다. 부자연스러운 자세도 잠깐은

기저귀 체조(3)

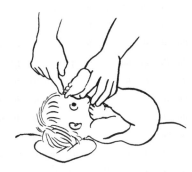

발잡기 체조①

①아기가 자기의 발가락을 볼 수 있도록 발을 얼굴 위까지 굽힌 후 "엄지발가락, 안녕!" 하며 다섯 개의 발가락을 순서대로 짚으며 보여준다. 아기가 발을 잡고 싶어 하면 아기 손을 잡고 발가락을 만진다.
②끝난 후에는 몸을 쭉 뻗게 한 후 전신을 쓰다듬어 준다.

발잡기 체조②

③오른손으로 왼발을 잡게 한다. 왼손으로 오른발을 잡게 한다.

①발잡기 체조①에 익숙해졌다면 왼손으로 왼발을 잡게 한다.
②왼발을 뻗게 해준다.

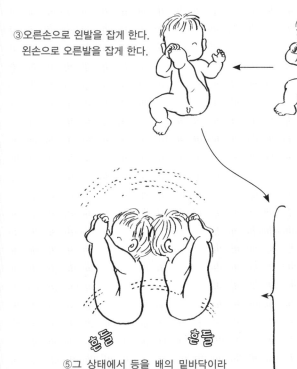

흔들   흔들

⑤그 상태에서 등을 배의 밑바닥이라고 생각하고 아기를 좌우로 흔들흔들 흔들어서 평형감각을 키워준다.

④이상의 체조를 간단히 할 수 있게 되면 양손을 교차시켜 동시에 양발을 잡게 한다.

견디게 되었으니, 운동다운 운동이 된 셈이지요.

다만 횟수를 늘린다고 효과가 빨리 나타나는 것은 아닙니다.

매일 반복해서 하는 편이 더 효과적입니다. 운동 시간을 서서히 늘려서, 아기가 스스로 즐기다가 힘들어지면 스스로 그만둘 수 있게 되었을 때 기저귀 체조는 졸업입니다.

같은 손으로 같은 발을 잡는 것보다, 손을 교차해서 다른 발을 잡을 때 더 큰 힘이 필요합니다. 체조를 할 때는 교차해서, 평소 기저귀 갈 때는 '같은 쪽'을 잡게 하세요.

기저귀를 바꾸는 동안에 스스로 발을 잡고 엉덩이를 들어서 엄마가 갈기 편하게 돕도록 하면 좋지요.

손으로 발을 잡으면 척추는 배의 밑바닥처럼 둥글게 굽습니다. 이때 흔들흔들 좌우로 흔들어주세요.

귓속에 있는 미로를 자극해서 평형감각을 길러주기 위한 것입니다.

왼쪽 발바닥을 살짝 찌르면 왼발을 굽히고 오른쪽 허벅지를 만지면 오른발을 펴게 되었다면, 곧 자기 의지로 다리를 움직이게 됩니다.

물론 이 시기에도 아기는 의지로 움직인다기보다 엄마가 주는 자극에 반응하는 것에 가깝습니다. 그러니 너무 큰 기대를 갖고 철저히 가르치는 것이 무조건 좋다고 할 수는 없어요. 기저귀를 가는 일련의 동작이라고 생각하고 하면 마음이 편해질 겁니다.

쭉 편 다리를 굽히는 것은 아기에게 대단히 힘든 일입니다. 굽히기 위해선 어른이 생각지도 못할 정도로 힘이 필요할 때도 있지요. 어른이 살짝 밀었을 때 아기가 다리를 굽혔다는 것은, 누군가 만졌다는 것을 알고 자기 의지로 굽혔다는 의미입니다. 움직이는 것에 익숙하지 않은 아기에게는 큰 노동이에요. 눌러주어야 움직이는 것도 기술이 필요한 셈이지요.

제3단계까지 할 수 있게 되면, 기저귀를 갈 때마다 하는 운동은 이제 졸업입니다. 엄마도 아기도 다양한 놀이를 재미있게 하기 위한 동작을 많이 배웠을 거예요. 기저귀 가는 횟수도 점점 줄어들 테니, 기저귀 갈기는 서로 조용히 협조해서 그냥 기저귀만 가는 시간이 될 것입니다.

저는 기저귀를 갈 때 꼭 다리를 모아서 쓸어주었습니다. "빨리 떼자, 모두 편하게"라는 말을 속으로 들려주며 다리를 쓸어주었지요.

* 아기는 반사와 반응으로 자극에 응답합니다.
자극을 받았을 때 반사가 일어나는 것은, 반사를 일으키는 구조를 태어나면서부터 뇌 속에 지니고 있기 때문입니다. 반응은, 자극과 반응을 연결 짓도록 학습했기 때문에 일어납니다. 뇌 안에 새로운 신경회로가 생기는 것이지요.
반사는 자극이 있으면 일어나도록 선천적으로 지니고 있는 것입니다. 반응은 태어날 때부터 가지고 있던 자극과 새로운 자극이 묶여서 둘 사이에 새로운 조건이 추가되고 나서야 비로소 새로운 자극에 대해 일어나게 되는 것이지요.
기저귀 체조를 할 때 피부 자극과 "하나, 둘." 같은 구령으로 반응이 일어나는 것은, 피부 자극을 받거나 구령을 들으면 팔다리를 굽히거나 펴는 반사가 있기 때문이 아닙니다. 자극과 반응의 관계를 학습했기 때문이지요.
기저귀 체조를 할 수 있게 된 아기는 자기 마음대로 팔다리를 뻗을 수 있습니다. 아무런 자극이 없어도 팔다리 운동을 할 수 있지요.

제 2 기

[목을 가누는 시기]

─ 1개월 반에서 3개월 반까지 ─

목과 팔다리를
튼튼하게

● **목과 팔다리를 튼튼하게 하려면–전두전야를 움직이게 하자**

제2기(생후 1개월 반~3개월 반)는 **'목을 가누는 시기'**입니다.

선천적인 반사가 점차 줄어들고 자발적으로 하는 반응 패턴이 많아지는 시기입니다.

막 태어났을 때와 같은 연약함은 사라지고, 깨어 있는 동안에는 기분 좋은 얼굴로 끊임없이 미소를 짓습니다. 주변을 둘러보며 생활 음에 반응하고, 손으로 물건을 잡으려 하는 **적극적인 탐구심**이 나타나는 시기입니다.

또, 단순히 자극에 반응하는 것이 아니라 여러 개의 자극에 협조된 행동 패턴으로 반응할 수 있게 되는 시기입니다.

이 시기가 되면 뇌 속 신경세포는 돌기를 뻗어 **다른 신경세포와의 연결고리(시냅스)를 만들려는 움직임을 활발히** 합니다.

이 시기의 아기에게 자극을 주지 않아 반응을 불러일으키지 않으면, 모처럼 신경세포의 돌기가 늘어나도 시냅스가 활동하지 않기 때문에 신경회로가 형성되지 못합니다.

하나의 자극에 대해 반응하는 것도, 여러 개의 자극에 대해 협조된 행동 패턴으로 반응하는 것도 불가능해집니다.

목도 제대로 힘을 주어 통제할 수 있고, 팔다리를 힘차게 움직일 수 있게 되면, 제3기로 넘어간 것입니다.

제2기 끝 무렵에 이르면(생후 3개월 반 무렵), 엎드린 상태에서 목을 위로 향하고 직각을 유지한 채 2~3분 정도 들 수 있으며, 팔다리에 힘을 주고 버둥버둥 움직일 수 있게 됩니다. 발을 세게 차는 것도 가능해집니다.

하지만 아직 스스로 뒤집을 수는 없습니다.

아기에게 주변 세계를 보여주고 **외부 소리를 들려주면, 전두전야가 활동하여 주변 세계에 반응하게 됩니다. 주변 세계에 반응하는 전두전야를 활성화시키는 것이 이 시기의 목표**입니다.

● 수유 기대반응–만족감이 의욕적인 아기를 만든다

제1기 반사기(탄생~생후 1개월 반)의 아기는 유두가 입술에 닿으면 반사적으로 빨고, 젖이 나오면 반사적으로 먹습니다.

입술에 유두가 닿는 자극으로 인해 빠는 반사가 일어나고, 그 결과 분비된 유즙이 구강 점막에 닿아서 삼키게 되는 '연하반사'

가 일어나는 겁니다.

하지만 제2기에 들어가면 아기의 모습에 변화가 일어납니다.

엄마가 젖을 주기 위해 아기를 안으면, 이제까지 하고 있던 손놀이를 멈추고 유방을 기다리며 입을 벌립니다.

유두가 입술에 닿으면 빠는 반응을 시작합니다. 입술에 유두가 닿기 전부터 곧 닿으리라고 예상하고 빠는 운동을 개시하고 있지요.

엄마가 품에 안거나 자신의 자세가 바뀌면 아기의 감각이 자극받고, 그것이 실마리가 되어 빠는 운동을 준비하는 겁니다.

운동은 반복하면 잘하게 되고, 또 특정한 실마리를 계기로 효과적으로 이뤄지게 됩니다. 잘하게 되면 될수록 작은 실마리로도 운동을 기대할 수 있게 되지요.

이런 식으로 전두전야가 활동하며 외부 세계의 변화와 자신의 반응 사이의 관계를 이해할 수 있게 됩니다.

아기를 안고도 수유하지 않으면 아기는 반응을 보이지 않게 되고, 한 번 기억한 반응을 잊어버리고 맙니다.

반응을 일으키는 **실마리는 많을수록 효과적**이지요.

반응을 일으키고 외부 세계와의 관계를 이해시키기 위해서는 반응한 후 반드시 만족감(보수)을 줘야 합니다.

그러면 다음부터 아기는 실마리가 있으면 반응을 하고자 하는 '의욕'이 생기게 되지요.

● 아기의 호기심-사물을 응시하며 외부 세계를 이해한다

태어나서 한 달 정도 지나면, 아기는 혼자서 주변을 지그시 응시하게 됩니다.

가끔은 한 시간씩 울지 않고 가만히 보고 있을 때도 있습니다. 응시를 통해 외부 세계를 이해하는 것이지요.

생후 2개월 정도 지나 아기 나름대로 주위의 사물을 이해하고 나면, 이제까지 본 적 없는 새로운 것에만 흥미를 보이게 됩니다.

아기는 물건의 새로움이나 물건의 성질(예를 들면, 빨간색)이 아니라, 자신이 예전에 했던 경험과 그 물건 사이의 관계에 흥미를 느낍니다.

그러니 같은 장난감을 보여줘도 흥미를 보이는 아기와 쳐다보지도 않는 아기로 나뉩니다.

경험해온 것과 관련지을 수 없는 완전히 새로운 것에 아기는 흥미를 보이지 않습니다. 그러니까 과거의 경험과 조금은 관계가 있으면서 어느 정도는 새로운 것(**중간 정도의 새로움**)을 보여줄 필요가 있습니다.

● 흉내 내기–흉내 내면 세계가 넓어진다

외부 세계를 이해하기 위해 아기는 보고만 있지 않습니다. 자극을 받으면 소리를 내고, 눈으로 쫓고, 손으로 잡습니다.

예를 들어, 아기에게 "우, 우." 하고 말을 걸어봅시다. 처음에 아기는 반응을 보이지 않지만, 몇 번 반복해서 "우, 우." 하고 소리를 내면, 이윽고 입모양을 그럴싸하게 만들어서 "우, 우."와 비슷한 소리를 내려고 합니다.

이때 아기가 내는 소리에 **엄마는 바로 반응을 보여야 합니다.** 서로가 서로를 흉내 내는 것이지요.

계속하면 이윽고 엄마가 "우우, 우우"라고 했을 때 아기도 "우우, 우우"라고 정확히 말할 수 있게 됩니다.

이제껏 한 번도 해본 적 없는 일을 아기가 흉내 낼 수는 없습니다. 흉내 내기를 할 때에는 그 시기에 가능한 동작 가운데 이용할 수 있는 것을 골라서 시켜봅시다. **엄마도 함께 하면 아기는 새로운 운동 패턴을 만들어내게 됩니다. 운동 학습을 하는 것이죠.**

아기가 주변에 보이는 것을 이해해갈 때, 아기의 흥미를 끄는 새로운 것이 없으면 지루해합니다. 그냥 멍하니 보기만 할 뿐, 적극적으로 반응하지 않게 되지요.

이렇게 되면 뇌의 발달이 늦어집니다. 끊임없이 '**중간 정도의 새로운 것**'을 보여주며 흥미를 자극해야 합니다.

하루에도 수차례 아기를 엎드리게 하는 것은 목 근육 강화를 위해서만은 아닙니다. 아기에게 더 다양한 세계를 보여주기 위해서도 아주 좋은 방법이지요. 같은 물건이 다르게 보인다는 것을 아기는 이해하기 시작합니다.

또, 아기에게 거울을 보여주는 것도 좋습니다. 처음에는 자기 얼굴이 거울에 비쳐도 그것이 자신이라는 사실을 모릅니다. 하지만 거울에 비치는 것은 같은 것이라도 다르게 보인다는 것을 알게 되지요.

● 여러 가지 감각의 연합-눈과 귀를 동시에 사용하기

　제1기(반사기)의 아기는 소리를 듣고 고개를 움직이기 때문에 소리를 듣고 있다는 것을 알 수 있습니다.

　그러나 소리가 나는 쪽으로 주의를 돌리지는 못합니다.

　제2기(목을 가누는 시기)가 되면 소리가 나는 쪽으로 고개를 돌리고 눈으로 보려고 합니다.

　이렇듯 귀와 눈을 동시에 사용하는 법을 배웁니다. 엄마가 소리를 내며 다가오면, 엄마의 모습을 보고 목소리를 듣고서 엄마가 다가오고 있다는 것을 점점 이해하게 되지요.

　외부 세계를 귀로 듣고 눈으로 보고 손으로 만지며 그것에 대한 지식을 늘려갑니다. 점점 복잡한 세계를 알게 되지요.

　그러면서 외부 세계의 '사물'에 대한 지식을 점점 늘려가는 겁니다.

　이 시기에는 외부 세계에 대한 지식을 늘려줄 **장난감이 필요합**니다.

　아기가 만져도 되며, 쥐거나 흔들었을 때 소리가 나는 것이 좋습니다. **비싼 장난감은 필요없습니다. 손과 눈과 귀를 동시에 쓰**

도록 만들어진 장난감이라면 충분합니다.

제2기가 끝날 무렵이 되면 목을 가눌 수 있게 됩니다. 안아 올리거나 의자에 앉혀도 푹 고꾸라지지 않습니다. 이렇게 되면 아기는 다음 단계인 제3단계(앉는 시기, 3개월 반~5개월 반)로 이행한 것입니다.

● 자기의 손을 바라본다-마음의 발생

생후 1개월쯤 되면, 아기는 자기 한쪽 손을 눈앞까지 들고 올 수 있게 되지만, 우연히 손이 얼굴 쪽에 온 것에 불과합니다.

생후 6주 정도 지나면 자기 손에 시선을 줄 수 있게 됩니다.

날이 갈수록 동작 횟수가 늘어나고, 보고 있는 시간이 길어지면서 손을 응시할 수 있게 됩니다. 아기는 말로 표현하지는 못하지만, 그 손이 자신의 것이라는 것, 외부 세계의 것이 아니라는 것을 점차 이해하게 되지요.

손을 바라보는 행동은 손을 사용해 의식적으로 행동하는 기반이 됩니다. 이때 **아기의 마음이 발생**했다고 할 수 있지요.

목을 가누게 되고 외부 세계를 응시할 수 있게 되면, 반사기는 막을 내리고 목 가누는 시기에 돌입한 것입니다.

● 보이는 세계-어느 쪽을 보느냐, 어느 손을 쓰느냐

막 태어났을 때 아기는 눈이 잘 보이지 않지만, 시간이 지나면 보이게 됩니다.

하지만 보이는 범위가 한정되어 있습니다. 눈 주위 20~60센티미터 범위(위, 아래, 좌우, 뒤쪽)이지요. 또 어른이 볼 때처럼 양눈으로 동시에 주시할 수는 없습니다.

아기가 깨어 있을 때 사물을 보도록 자극할 필요가 있습니다. 생후 3~4주 정도면 사물을 볼 수 있게 됩니다. 이 시기부터 시각 자극을 주도록 합시다. 사물의 형태를 기억하는 법을 가르치고 시각 자극에 주의를 돌리는 적극적인 태도를 길러주기 위해서죠.

막 태어난 아기가 똑바로 누운 자세로 깨어 있을 때, 대개 오른쪽을 보고 있습니다. 이런 아기들이 크면 보통 오른손잡이가 되지요.

아기가 어떤 손을 쓰게 될지 예견하기 위해서는 **아기의 반응을 주의 깊게 살펴볼 필요**가 있습니다.

아기에게 가장 처음 줄 인공적인 시각 자극으로 무얼 고를까요?

아기가 즐겨 보는 거리쯤에서 **분유를 먹여주는 사람의 얼굴을 그린 그림을 보여주는 것**이 좋은데요, 먼저 누운 자세에서 눈으로부터 30센티미터 떨어진 장소에 그림을 둡니다.

아기는 상세한 부분까지는 보지 못하므로 적당히 그린 그림이라도 상관없습니다. 눈코입과 눈썹이 있으면 충분합니다.

처음에는 아기 얼굴 위에 있으면 됩니다. 아기가 주의해서 보게 되면, 오른쪽이나 왼쪽으로 이동시켜보세요. 좌우를 주시하게 되면 그림을 천천히 흔들어서 아기가 눈으로 쫓게 합시다.

누워 있는 장소도 매일 몇 번씩 바꿔서 아기 눈에 들어오는 광경에도 변화를 줍시다.

몇 번씩 바꿔주는 게 좋을까요? 아기가 흥미를 가지고 적극적으로 외부 세계를 봐야 하니 흥미진진하게 보고 있다면 침대 이동 횟수를 늘려주세요.

갑자기 하루에 몇 번이나 바꾼다든지, 어떤 날은 바꾸고 어떤 날은 안 바꾸는 것은 좋지 않습니다.

아기를 하루에 몇 번씩 엎드리게 하는 것은 목 근육 훈련도 되

지만, 앞서 이야기했듯 보기 위한 훈련이기도 합니다.

안거나 업는 것도 보는 훈련이 되니까 외부 세계가 잘 보이게 안고 업는 것이 중요합니다.

아기에게 보이는 세계는 성장하면서 확장됩니다. 자극을 주는 거리도 점점 늘어나지요.

최신 뇌과학이 올린 성과 가운데 하나가 **'자기 의지로 실시하는 수의운동은 전두전야에서 시작된다'**는 것입니다.

제1기(반사기)의 운동은 전두전야를 경유하지 않고 일어났지만, 반사가 운동으로 바뀌기 시작하는 제2기(목 가누는 시기)가 되면 전두전야가 활동하게 됩니다.

반응은 모두 아기가 스스로 일으키는 수의운동이라 전두전야가 활성화되는 것이죠.

제2기(목 가누는 시기)는 전두전야를 다지는 훈련을 시작하는 시기입니다.

이제까지는 보이거나 들리는 자극에 바로 반사를 일으켰는데요. 점차 자극이 있고 얼마간 간격을 둔 후에 운동을 하게 됩니다.

어른이 자극에 반응해서 시간차를 두고 수의운동을 할 때는 어떤 수의운동을 할지 전두전야에서 기억한 후에 움직이게 되지요.

이 기억은 운동이 끝날 때까지 유지되는 기억입니다. 워킹 메모리(WORKING MEMORY) 즉, '작업기억'이라고 하지요.

다양한 반응을 가능케 하기 위해서는 작업기억의 능력을 높여야 합니다.

제2기가 되면 전두전야의 기억력을 높이기 위해 '까꿍놀이'를 시작합니다.

"어디 있지? 어디 있지?" 하며 엄마 얼굴이 보이지 않게 한들 아기가 눈앞에 얼굴이 있다는 사실을 기억하지 못하면 함께 '까꿍'을 할 수 없지요. 이 기억은 전두전야에 보존됩니다.

큰 소리를 내며 규칙적으로 울 때는 당황하지 말고 원인을 찾아본다

1 아기가 우는 것은 불쾌함의 표현
—— 유일한 자기표현

아기가 큰 소리로 운다고 해서 너무 당황하지 마세요.

호흡에 맞춰 리드미컬하게 울고 있을 때는 걱정할 필요가 없습니다.

목소리가 큰 것은 생명력이 있다는 증거입니다. 어서 울음을 그치라고 안거나 젖을 물리지 말고 우선 우는 원인을 찾아봅시다.

아기의 울음소리를 들으며 배가 고픈 건지, 어디가 불편한 건지, 예리한 아픔을 느낀 건지, 깜짝 놀란 건지 생각해보세요.

배가 고파서 울 때는 큰 소리로 계속 울지 못하기 때문에 금방 알 수 있습니다. 조금 울려도 괜찮지요.

대부분의 경우 원인을 제거하면 곧 울음을 그치지만, 원인을 없애지 못했거나 제대로 제거하지 못했을 때는 계속 울기도 합니다.

입술색이 변할 정도로 계속 울거나, 때로는 호흡곤란을 일으키기도 합니다.

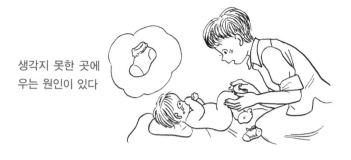

생각지 못한 곳에
우는 원인이 있다

그러니까 울기 시작하면 원인을 재빨리 찾아내야 합니다.

그런 후 원인을 제거해서 울음을 그치게 합니다. **운다고 바로 안거나 어르고, 뭔가를 먹여서 울음을 그치게 만드는 행동**은 절대 피해야 합니다.

장남이 생후 2개월 쯤 되었을 때, 큰 소리로 계속 울며 아주 짜증스러워 한 적이 있습니다. 마치 "제발 어떻게 해주세요"라고 말하듯 울었죠. 생각해낼 수 있는 모든 원인을 찾았습니다. 전신을 훑어도 이상한 점이 없었어요. 제 눈에는 아픈 곳도, 불쾌해 보이는 곳도 발견되지 않았지요. 어찌할 도리를 몰랐지요.

20분 이상 계속 운 아이는 지쳤고, 목소리도 점점 쉬기 시작했습니다. 어떻게든 해줘야 하는데, 하고 초조해졌지요.

몇 번이고 머리부터 전신을 훑었는데도 단 한 군데 놓친 곳이 있었습니다. 손으로 만든 양말의 고무가 새끼발가락에 걸려서 세게 젖혀져 있던 거예요. 알아차렸을 때는 새끼발가락이 하얗게 질린 상태였지요. 마사지를 해줘서 혈액순환이 되고 나서야 겨우 울음을 그쳤습니다.

심신이 모두 건강한 아기는 배가 고프지 않은 이상 그다지 울

'불쾌한 기억' 때문에 아기가 우는 경우도 있다

지 않습니다. 놀랐거나 평소와 다른 방식으로 대하는 것이 싫어서 울긴 하지만, 기저귀 갈기나 목욕이 끝나면 울음을 그치지요.

하지만 기저귀를 갈 때마다, 또 목욕을 할 때마다 울기 시작하는 경우라면 아기 머릿속에 불쾌한 기억이 뿌리 깊게 남아 있다는 거니까, 과거로 거슬러 올라가 원인을 찾아보세요.

원인을 알고 있을 때는 울게 두어도 괜찮습니다.

하지만 울어도 어쩔 수 없다, 우는 게 당연하다고 판단될 때 이외에는 우는 상태를 방치해선 안 됩니다.

'우는 건 아기에게 운동'이라느니 허세를 부리며 원인을 찾지 않고 우는 상태를 방치하거나, '울면 지쳐서 금방 잔다'며 낮잠 자기 전에 한바탕 울리는 것이 일과처럼 된 아기는 발달이 늦습니다.

울려서 지치게 하는 것보다 **기저귀 체조를 시키거나 팔다리를 열심히 써서 놀리는 등 몸을 충분히 움직이게 해서 지치게 만드세요.** 그런 후에 피곤해져서 잠드는 편이 아기도 기분 좋을 거예요. 말을 할 수 없는 아기는 우는 동물입니다. 울음으로 자신의 감정이나 의지를 표현하는 것이죠. 아주 사소한 일이 원인이 되어 울기도 합니다. 그럴 때 큰 소리로 울 수 있는 아기가 건강한 것입니다. 울고 싶으니까 울 수도 있는 거지요.

* 아기는 울음소리 말고는 자신의 의사를 표현할 방도가 없습니다. 우는 이유는 무수하게 많이 있지만, 울음의 종류는 그렇게 많지 않습니다. 뇌가 발달하면서 울음의 종류도 늘어나지요.

② 잘 울지 못 하는 아기에게는 알려주세요
—— 쉬면서 우는 법

"이 애는 울면 경련을 일으켜서 입술이 새파랗게 질리니까 무서워서 울릴 수가 없어요. 그러니까 울면 바로 안고 말아요."

"아무래도 심장이 나쁜가 봐요. 울면 입술이 파래져요."

이렇게 말하며 마치 곧 터지려는 종기를 만지듯 조심스럽고 소중하게 아기를 키우는 부모가 있지요.

만약 정말 선천적인 심장질환이 있어서 얼굴이 파래지는 거라면, 그렇게 큰 소리로 울지도 못할 겁니다.

아기를 그렇게 과잉보호하며 키우면 고집이 세고 신체는 약한 아이로 자랄 거예요.

또, 어떤 원인이 있어서 울음을 터뜨렸을 때 원인을 바로 제거해주지 않거나 '우는 아이가 자란다'며 원인도 찾지 않고 방치해

아기가 숨을 들이마시며 울 때는 입가에 가볍게 입김을 불어 울음을 그치게 한다

두면, 큰 소리를 내며 온몸으로 우는 사이 아기는 스스로 울음을 멈출 수 없게 됩니다.

아기는 호흡의 리듬이 흐트러져 우는 겁니다.

히익 하고 크게 숨을 들이마시며 울음소리를 내는 경직성 울음이라면, 숨을 뱉을 때만 큰 소리를 낼 수 있도록 소리를 내지 않고 숨 쉬는 법을 가르치세요.

숨을 들이마실 때에 맞춰 엄마가 자기 입으로 아기 입 옆을 가볍게 두드리세요.

그래도 여전히 숨을 들이마신다면, 입가에 가볍게 입김을 불어주세요. 엄마가 뱉는 숨을 들이마시게 해서 숨 들이키는 소리를 멈추게 합니다.

숨을 뱉는 시간이 마시는 시간보다 길 때는 숨을 뱉고 있을 때 손으로 아기의 입을 가볍게 누르며 공기를 잠깐 멈춥니다.

가볍게 입을 맞춰서 큰 소리를 멈추게 하는 것도 좋습니다.

두세 번 공기를 멈춘 후에는 부드럽게 귓가에서 속삭여주세요. **"왜 그러니? 엄마 목소리가 들리니?"** 등등 여러 이야기를 들려주세요.

아기가 우는 것 말고 **다른 일에 정신이 팔리게 하는 것이 울음**

숨을 뱉으며 울 때는 가볍게
입을 맞춰주세요

을 멈추게 하는 지름길입니다.

아기가 우는 소리에 엄마도 흥분해서 어쩔 줄 몰라 하며 안고 흔들기 시작하면, 아기는 점점 더 흥분해서 스스로 울음을 그칠 방법을 생각해내지 못합니다. **울기 이외의 일로 신경을 돌릴 것, 그를 위해서는 우선 흥분을 가라앉혀야** 합니다.

이 방법은 아기가 크고 난 후 길게 울고 나서 잘 훌쩍거릴 수 있게 될 때까지 도움이 됩니다. 아기가 왜 우는지 제대로 살펴봅시다. 원인을 확실히 알게 된 후 울어도 괜찮다고 생각될 경우 이외에는 우는 원인을 바로 제거합시다.

* 아기가 우는 원인을 재빨리 찾고, 원인을 바로 제거할 것. 길게 울 때는 폐로 들어가는 공기를 조금 차단해서 울 수 없도록 하는 것이 적극적 육아법입니다.

장난감은 아기가
정면으로 볼 수 있
는 곳에 매단다

③ 주변에 있는 물건이 모두 장난감
—— '쥐기, 잡기, 놓기'를 가르치자

목을 가누게 되면 눈동자가 조금씩 움직이기 시작하고, 눈으로 움직임을 쫓게 되면서 표정도 풍부해집니다.

장난감의 차이, 색깔의 차이도 알게 됩니다.

보고만 있던 장난감에도 손을 뻗기 시작합니다.

이 무렵 주의해야 할 것은 **곁눈질을 하게 해서는 안 된다는 것**입니다.

머리맡에 매달아 두었던 장난감을 아기 정면으로 옮겨서 **눈동자를 움직이지 않아도 보이는 위치에 둡니다.**

하지만 아기가 한쪽 눈으로만 보고 있는 경우도 있으니까 **좌우 눈을 동시에 쓰게 하려면** 장난감을 어디에 둬야 할지 생각해보세요.

손에 물건을 쥐어줄 때도 얼굴에서 40~50센티미터 떨어진 곳에서 장난감을 보여준 후 점점 다가가서 좌우 어느 손을 사용해도 좋을 위치에서 멈춘 다음 손을 뻗어 잡기를 기다리세요.

손을 내밀지 않을 때는 가슴 위에 장난감을 두었다가 양손으로

손에 쥐어줄 때는
장난감을 확인시켜
준 후 건넨다

장난감을 들게 한 후, 아기의 눈에 보이는 곳까지 들어 올려서 아기가 자신의 손에 있는 것이 좀 전의 장난감이라는 것을 알게 해 주세요.

아기가 한 손을 빼서 한 손으로만 장난감을 들고 있어도 괜찮습니다.

어느 손을 주로 쓰게 될지 확실치 않으니까 이 무렵에는 양손을 모두 잘 쓰게 한다는 생각으로 해나가면 됩니다.

어떤 물건이든 무조건 오른손에 쥐어주지는 맙시다. 어떤 손을 주로 쓸지는 아기가 정할 거예요.

아기의 손은 작으니까 손에 쥐어주는 장난감은 되도록 작고 가벼운 것이 좋습니다.

손가락을 쓰는 것도 중요하니까 다섯 손가락으로 쥐지는 못하더라도 손끝으로 집을 수 있는 장난감도 주세요.

예를 들면, 천에 달린 단추, 플라스틱 뚜껑, 만년필 뚜껑 등을 침대 울타리 기둥에 동여매 눈앞에 늘어지게 해서 아기가 잡아당길 수 있게 하면 잘 가지고 놉니다.

또 양손으로 감싸지 않으면 들 수 없는 물건, 예를 들면 마시

① 성긴 재질의
거즈 손수건으로
얼굴 위를 가볍게
덮는다

는 요구르트병 같은 페트병의 라벨을 벗기고 그 안에 쌀 뻥튀기나 별사탕을 넣어서 딸랑이로 써보세요.

시판품 중에는 딱 맞는 장난감이 없으니까 집 안에 굴러다니는 물건 가운데 쓸 만한 것을 골라 만들어봅시다. 다양한 종류의 장난감을 주세요. 단순히 쥐기만 하는 게 아니라 손을 더 **다양하게 쓸 수 있게** 하세요.

두꺼운 털실뭉치도 달아줘보세요. 부드러운 감촉을 만끽하게 하는 것도 좋지요.

> *손 전체로 쥐기와 손끝으로 잡기, 쥐거나 잡은 것을 놓기 등도 알려주세요.

④ 전두전야를 단련시키는 '까꿍 놀이'
—— 쓰면 쓸수록 활발해지는 뇌

낮 동안 조금씩 눈을 뜨고 있을 수 있는 시기가 되면, 본격적인 훈련을 시작할 수 있습니다.

그 중 하나가 **어떤 일이 일어날지 기대를 안게 하는 원시적 지능 훈련**입니다. 우선 작은 사이즈의 거즈 손수건(너무 촘촘하지

② 아기가 손발을
버둥거리기 전에

③ "까꿍" 하며 수
건을 치운다

까꿍

않는 홑겹 거즈, 날실과 씨실을 뽑아서 솎아내 조직을 성기게 하는 것도 한 방법입니다. (25×25Cm 정도) 양쪽을 엄마가 양 손으로 잡고, 아기의 시야 안에 정확히 들어가도록 얼굴을 가까이 합니다. 아기의 코와 입 근처에 밑단이 닿도록 두세 번 흔들고 난 후 턱에서부터 눈에 걸쳐서 거즈를 둥실 떨어뜨려 얼굴을 덮습니다.

그런 후 바로 "까꿍" 하며 양손으로 거즈를 걷어냅니다.

이때 엄마의 얼굴을 보여줍니다. 두세 번 반복합니다.

다음번에는 좀 더 긴 시간 얼굴을 덮습니다.

"까꿍"을 기대하는 아기가 양손을 버둥거리기 직전에 "까꿍" 하며 거즈를 걷어냅니다.

아기가 버둥거리며 팔다리를 휘젓기 전에 손수건을 치우도록 해야 합니다.

다섯 번 정도 반복하면 아기의 하루 공부로 충분합니다.

'거즈 수건으로 얼굴 덮기'의 목표는 '까꿍' 하기 전까지는 답답해도 기다리게 하는 것, 곧 걷어주리라는 것을 기대하게 하는 것, 코 위에서 움직이는 것을 의식하고 눈으로 물건을 보게 만드는 것, 코 위에서 거즈가 움직이면 이제 곧 얼굴 위로 떨어질 것이라는 것을 예측하게 하는 것입니다. 엄마의 얼굴을 확실히 알아볼 수 있을 무렵에는 엄마가 얼굴을 가리는 '까꿍 놀이'로 변화를 줍시다.

거즈를 통해 공기가 들어가니까 얼굴을 덮어도 숨을 쉴 수 있다는 것을 알고 있지만 '빨리 손수건을 치워주세요'란 의미로 팔다리를 움직이고 얼굴을 움직이려 하는 것이죠.

언제까지고 숨을 멈추고 있어야 한다면 이런 반응을 기대할 수 없습니다. 얼굴을 덮고선 바로 치워주는 동작을 반복하며 덮고 있는 시간을 서서히 늘려서 손수건을 통해 숨을 쉴 수 있도록 훈련시키세요.

숨을 쉴 수 있게 되면 얼굴 덮는 시간도 다양하게 조절해봅시다. 이제까지는 일정한 리듬으로 손수건을 치웠지만, 한 박자 길게 쉬는 등 변화를 주면 고도의 훈련이 되지요. 이제 '거즈 손수건으로 얼굴 덮기'는 즐거운 놀이가 된 것입니다.

* '까꿍 놀이'를 매일 반복하여 아기가 보지 않고 기억하는 시간을 조금씩 늘려주세요. '까꿍 놀이'를 하며 얼굴을 감출 때는 얼굴 전체가 아기에게 보이지 않도록 해야 합니다. 생후 3개월 반이 지난 아기의 경우 1초 간 보지 않고 기억할 수 있으면 충분합니다.

빨대 속 액체는
손가락으로 한
쪽 끝을 막으면
흐르지 않는다

⑤ 처음으로 분유 이외의 액체를 먹이는 법, 빨대쓰기
—— 잘 마시게 하는 비법

막 태어난 아기가 빠는 것이 꼭 유두뿐만은 아닙니다.

입술에 닿는 거면 뭐든지 반사적으로 빨지요. 그러니까 빨대도 빨 겁니다.

빨대 속 공기를 빨려면 의외로 강한 힘이 필요하고 입도 오므려야 하지요. 처음 빨 때는 액체가 나올 때까지 계속 힘주어 빨 수 없는 데다가 빨대 옆으로 공기가 새기도 해서 잘 빨 수 없습니다.

또 너무 세게 빤 나머지 한 번에 많이 들이마시는 바람에 사레에 들려 놀라기도 하지요. 그런 일을 겪으면 아기는 다시 빨려고 하지 않을 수도 있습니다.

젖 이외의 액체를 처음 줄 때는 **목욕을 하고 난 직후**처럼 가장 마시고 싶어할 때를 고릅시다. **끓였다 식힌 물**부터 시작하는 것이 좋습니다.

빨대 한쪽 끝을 손가락으로 막은 후 식힌 물 등 마실 것이 들

아기의 혀끝에 빨대를 댄 후 아기가 빨기 시작하면 손가락으로 양을 조절하며 먹여본다

어 있는 컵 속에 넣고 손가락을 가만히 떼세요.

깊게 넣으면 넣은 만큼 물이 들어오니까, 손으로 바로 끝을 막고 빨대를 꺼내세요. 빨대 속에 들어간 물은 컵에서 빨대를 빼도 흘러나오지 않습니다.

이때 엄마는 손가락을 어떻게 떼느냐에 따라 물이 흘러나오는 속도에도 차이가 생긴다는 것을 몇 차례 연습하며 알아두세요.

흘러나오는 양을 손끝으로 조절할 수 있도록 엄마가 먼저 연습해야 합니다.

빨리 나오게 했다가, 천천히 나오게 했다가 해보세요. 또, 도중에 멈추는 연습도 해야 합니다. 할 수 있게 된 다음에 아기에게 빨대로 먹이는 연습을 시작하는 겁니다.

빨대는 약간 딱딱해서 잘 구부러지지 않는 것이 좋습니다. 빨대 속에 물을 넣은 후 손가락으로 막고서 아기의 입 근처로 가져갑니다.

빨대 끝으로 입술을 톡톡 치며 혀끝에 댑니다.

너무 깊게 넣지 않도록 주의하세요. 아기가 빨기 시작하면 손가락으로 빨대 끝을 막은 채 먹입니다. 빠는 힘이 약할 때는 빨대에서 가만히 손을 떼주면 물이 입안으로 쉽게 들어갑니다.

분유가 아닌 액체를
경험시켜줄 때는 목욕
후가 적절

　연습했던 대로, 아기가 빨 수 있게 도와주며 천천히 흘려보냅
니다.

　목욕을 마치고 목이 마른 아기는 분유보다도 수분이 많은 걸
마시고 싶어하니까 빨대의 내용물이 분유와 맛이 달라도 잘 마
십니다.

　분유가 아닌 액체의 맛에 익숙해지게 하려면 목욕 후 목이 마
를 때가 적기입니다. 또 빨대의 감촉을 통해 분유가 아닌 것을
먹을 수 있다는 것을 기억시킵니다.

　자, 손으로 빨대 끝을 누른 상태에서 단숨에 물을 다 마셨다
면 빨대 끝을 막은 채 바로 입에서 빨대를 뗍시다. 아기는 여전
히 마시고 싶어할 거예요.

　빨대에 약간 들어간 물로는 양이 부족하기 때문이지요. 컵에
빨대를 꽂고 손으로 빨아올려서는 물이 충분히 들어가지 않습니
다. 빨대에 물을 가득 채우려면 빨대 길이보다 깊은 컵에 넣어야
하지요.

　아기가 더 마시고 싶어 하면 빨대에 물을 가득 채운 후 손가락
으로 끝을 막고 아기에게 줍니다.

빨대 가득 채운 물은 한 번에 마시지 못할 수도 있고, 도중에 너무 세게 빨아서 사레들릴 수도 있습니다. 사레에 들릴 것 같아 보이거나 많이 나와서 바삐 빠는 것 같으면 빨대를 강하게 눌러서 덜 빨아들이게 해주세요.

여전히 꿀꺽꿀꺽 마시며 목말라하면 손가락을 떼서 많이 흘러 들어가게 합시다.

이렇게 해서 빨대 한 개분의 물을 손가락으로 막지 않고 먹을 수 있게 되면, 아기는 컵에 빨대를 꽂고 액체류를 마실 수 있게 된 겁니다.

* 아기가 목말라할 때 연습합시다. 빠른 시일 내에 액체를 잘 마시게 하려면 엄마도 어떻게 도구를 쓸지 생각해야 합니다. 아기에게 지지 마세요.

처음에는 컵을 입보다
조금 높은 위치에 둔다

⑥ '빨기'와 '마시기'의 차이
── 입과 혀는 모양이 다르다

컵에 빨대를 꽂아 빨아먹게 할 때는 약간 굽은 빨대를 준비하세요.

빨대 속에 식은 물 등 액체를 채우고 한쪽 끝을 손가락으로 막습니다.

그런 후 아기 입 끝으로 가져가서 빨기 시작하면 바로 누르고 있던 손가락을 떼고 빨대 끝을 컵 속에 넣으세요.

이때 컵을 아기 입보다 약간 높은 곳에 두면 물이 잘 흘러나오니까 빨대를 구부려서 넣으면 좋겠지요.

빨대를 빨 때는 젖을 빨 때와는 다르니까 너무 세게 빨 수 없다는 것을 아기는 알고 있어요. 낮은 컵 속의 물을 강하게 빨아 올릴 수 없는 거죠.

빨대를 빨기 시작했다면 컵의 수위를 조금씩 낮추며 그에 맞춰서 빨고 있는지 관찰합니다.

잘 빨고 있다면 컵의 위치를 점점 낮춥니다.

이런 식으로 컵과 빨대를 써서 평범한 자세로 마실 수 있게 유

빨대나 수저로 먹을 때 입과 혀의 모양이 어떻게 변하는지 알려주자

도합니다.

개인차가 있어서 한 번에 배우는 아기가 있는가 하면, 몇 번이나 해봐야 하는 아기도 있습니다.

하지만 **입을 쓰는 일은 어떤 아기든 빨리 배우는 법**이지요.

빨대로 마시는 법을 배우는 것은 빠는 법의 차이를 학습하는 일입니다. 배우고 나면 복잡한 움직임이 가능해지지요.

아기가 아직 입을 잘 움직이지 못할 때 숟가락으로 떠먹이면, 입가로 흘러내리거나 단숨에 삼켜서 괴로워합니다.

숟가락으로 떠먹이기는 수분이라 해도 하나의 덩어리를 마시는 어려운 동작이니까, **빨대로 마시기를 배운 다음** 가르칩시다.

숟가락으로 떠먹일 때는 아기의 상체를 일으켜서 입속에 약간 떨어뜨립니다. 혀 위나 혀끝에 살짝 흘려주세요.

그러면 입안 가득 고인 타액을 삼키듯 들이마십니다.

여태껏 마셔왔던 양보다 조금 더 많은 양을 줍니다. 개인차가 있으니까 입안에 얼마나 넣어줄지는 아기마다 다릅니다.

넣자마자 바로 입 밖으로 줄줄 흘러넘쳤다면 양이 너무 많은 겁니다.

완전히 삼킨 후 다시 넣어주세요. 넣는 양은 조금씩 늘립니다.

첫 수저 경험은
유동식이 제격

빨대로 마시기보다 차원이 높은 방법이니까 시간을 들여 익숙하게 만들어주세요.

제 경우 처음에는 수분이 아니라 유동식(미음, 죽, 요구르트 등)을 숟가락으로 먹였습니다.

액체를 하나의 덩어리로 삼키는 것은 아기에게 아주 어려운 행위죠.

빨대로는 액체, 숟가락으로는 유동식이란 식으로 먹이는 방법을 나누면, 입안의 근육을 능숙하게 움직일 수 있게 돼서 흘리거나 사레들리지 않고 먹거나 마실 수 있게 됩니다.

또, **빨대로 마시게 할 때는 아기 호흡에 맞추는 것도 중요**합니다. 숨을 들이마셨다가 뱉고 다음 숨을 들이마실 때 타이밍을 놓치지 말고 빨대를 입에 꽂아 액체를 흘려보냅니다.

아기의 **호흡 리듬을 이용**하는 것은 앞으로도 다양한 동작을 가르칠 때 중요합니다. **호흡수(숨의 빠르기)를 잘 세어서 리듬을 파악**해둡시다.

빨대로 마실 수 있게 되면 다량의 수분을 단 시간에 섭취할 수 있게 됩니다. 외출했다 돌아왔을 때나 급히 많은 양의 수분을 섭취해야 할 때 편리하지요.

철봉에서 턱걸이하는
자세를 취하게 한다

목욕 후에 빨대로 식힌 물을 마시게 하고, 분유 같은 것은 숟가락으로 떠서 입으로 덥히듯 천천히 마시게 해보세요. 마시는 방법에 차이가 있다는 것을 아기가 알 수 있게 하기 위해서입니다.

> * 빠는 반사, 빠는 반응을 잘 활용합시다.

⑦ 배밀이를 도와주세요
── 근육의 긴장과 이완을 알려주자

엎드려 놓아도 거의 움직이지 않았던 시기와 달리, 목을 가누기 시작하면 등을 펴고 가슴을 젖히며 손을 멀리 뻗으려고 합니다.

되도록 빨리 배밀이 운동을 시작할 수 있게 도와줍시다.

우선 아기를 엎드려 놓고 팔을 잡아 벌린 후 머리를 가볍게 들게 합시다.

마치 **철봉에서 턱걸이를 하는 것과 같은 자세**로 만듭시다.

아기가 팔이나 다리만 움직이더라도 등줄기를 살짝 눌러주며 위에서 아래로 쓸어내려줍시다.

아기가 힘을 주는
곳을 가볍게 눌러
준다

이때 **손가락을 벌리고 있으면 좌우 모두 벌리게 하고, 쥐고 있으면 좌우 모두 잘 쥐고 있나 확인**해서 팔도 다리도 좌우가 같은 위치에 있게 합시다.

이렇게 몸을 젖힌 자세를 하려면 **손끝이 아니라 팔꿈치, 발가락이 아니라 허벅지**에 힘이 들어가야 합니다.

또, 허리를 바닥에 밀착시킨 채 척추를 젖히기 위해서는 좌우 등근육과 복근에 모두 힘을 주어야 합니다.

몸을 젖힐 때 어떤 근육을 쓰는지 엄마가 먼저 엎드려서 팔과 다리를 쓰지 않고 상체를 젖혀보세요.

그때 힘이 들어가는 근육, 아픔을 느끼는 부분이 아기 몸 어디에 해당하나 기억해두세요. 하는 김에 힘이 들어갈 때 호흡은 어떻게 되는지도 알아둡시다. 숨을 뱉으며 힘을 줄 수 없다는 것을 알게 될 거예요.

아기가 팔다리를 움직이기 시작하면, 몸을 젖힐 때 반드시 힘을 주어야 하는 곳을 미리 조사해서 그 부분을 가볍게 눌러주는 겁니다.

척추 이외의 부분은 좌우를 동시에 가볍게 눌러주세요.

가능하다면 숨을 뱉고 마시는 리듬을 타고 반쯤 들이마셨을

아기가 힘을 빼고 머리를 바닥에 대면 등을 부드럽게 쓰다듬어준다

때부터 눌러주세요.

"여기에 힘을 주는 거야.""으싸, 으싸.""자, 하나 둘."

어떤 말이든 좋으니까 힘을 줄 때 구령으로 쓸 말을 정해봅시다.

힘을 주게 하고 싶을 때는 언제나 그 말을 쓰는 거예요.

정해둔 말이 "힘을 줘"라는 신호가 되는 셈이니까 곧잘 끙끙거리며 용을 쓰는 아기라면 그때 아기가 내는 소리를 흉내 내는 것도 좋습니다. 간단히 "하나, 둘"도 괜찮고요.

등줄기를 가볍게 누르기만 해도 가슴을 젖히게 되기까지, 반드시 매일 한 번은 해주세요.

다만 위나 방광이 꽉 차 있는 상태에서 하면 오줌을 싸게 되니까 피하도록 합시다.

등을 조금 젖힌 후, 아기가 힘을 빼고 머리를 바닥에 댄 채 가만히 있다면 등을 부드럽게 쓰다듬으며 **근육의 긴장과 이완을 알게끔 가르쳐보세요.**

힘을 줄 때의 신호, 힘을 주지 않을 때의 부드러운 쓰다듬음을 아기가 기억해서 자기 의지로 힘의 완급을 조절할 수 있게 되면

변이 나온다면 허벅지를 들어 올려서 아랫배에 힘을 주기 좋은 자세로 만들어준다

아기가 할 수 있는 움직임의 가짓수가 급속히 늘어납니다.

뒤집기와 같은 생각지도 못한 움직임을 보여서 아기의 빠른 성장에 놀라게 되는 일도 있을 거예요.

* 힘을 주려고 하는 근육 위의 피부를 만져주면 아기는 힘 주기가 쉬울 거예요.

⑧ 배변 훈련의 첫걸음
—— 대소변 시간을 예측하자

더러워진 기저귀를 빼고 엉덩이 주위를 닦은 후 깨끗한 기저귀를 엉덩이 밑에 깔자마자 쉬를 하거나 힘을 주는 일이 있지요.

배변 훈련을 할 수 있는 기회가 왔다는 것을 의미합니다.

남자 아기들은 엄마에게 오줌을 발사하고 기분 좋아하지요.

이런 때, **깜짝 놀란 엄마가 비명을 지르거나 싫어하며 큰 소리를 내면 절대로 안 됩니다.**

남자 아기라면 오줌이 나오기 전에 고추가 커지는 걸로 예측할 수 있으니까, 가만히 기저귀를 덮고 끝날 때까지 기다리세요.

배변 시간을 예측해서 아기가 볼 일을 본 직후에 기저귀를 갈아주자

그런 후 **"기분 좋지? 잘 했어"**라고 칭찬해주며 아기가 좋아하는 **기저귀 체조**(108쪽)를 해주세요.

혹시 대변이 나온다면 같이 힘을 주세요. 손으로 허벅지를 들어서 아랫배에 힘이 들어가기 쉽게 눌러주세요(앞 페이지 그림 참조). 맞아요. **엄마가 아이를 낳았을 때 같은 자세가 딱 좋답니다.**

저는 이럴 때 항문 주위를 눌러주며 변의를 촉진해주었습니다.

기저귀를 벗겼을 때 "대소변을 하는 게 엄마는 기쁘단다"라는 기분을 드러내며, 부드러운 표정으로 다정하게 말을 걸어주세요.

그러면 아기는 배변이 즐거운 일이라는 것을 알게 될 뿐만 아니라, 기저귀 안이 아니고 밖에서 하는 게 기분 좋은 배변이라는 것을 알게 되지요. 이것이 바로 **배변 훈련의 첫걸음**입니다.

이런 기회를 빨리 잡은 엄마는 운이 좋은 것이죠.

이때 쉬를 했다면 언제 수유를 했는지 몇 번째 소변인지 생각해보고, 다음에는 언제 오줌을 쌀지 예측해봅시다.

다음 쉬했을 때는 반드시 모락모락 김이 나는 상태에서 기저귀를 갈아줄 수 있게 노력합시다. 이렇게 해두면 먹고 몇 분 후에

예측이 가능해진다면
외출도 훨씬 편해진다

대소변을 하는지 대략적으로 알 수 있게 됩니다.

쉬를 할 시간이 되면 아기를 관찰해서 배설 전과 배설 중의 표정을 잘 봐두세요. 끝나면 바로 **"잘했네." "기분 좋겠네."** 하고 다정하게 말을 걸며 기저귀를 갈고 기저귀 체조를 합니다.

배변 예측이 가능해지면 외출할 때를 정하기도 쉬워집니다.

기저귀를 갈 수 없는 장소에서 어떻게 대응해야 좋을지 미리 생각할 수도 있지요. **언제, 몇 번 대소변을 하는지** 알아두세요.

잘 모르겠다 싶으면 한 달에 2, 3일 정도 그래프를 그려보고 가능한 한 정확히 파악해둡시다.

> * 아기의 행동을 예측하는 공부를 할 때, 대소변 시간을 예측하는 것은 쉬운 축에 속합니다.
> 성공적인 육아를 하려면, 앞으로 일어날 일을 정확히 예측해야 합니다.
> 몇 시간 지나면 소변을 하는지, 언제 자서 언제 일어나는지 같은 장기적인 예측은 간단한 편에 들어갑니다.

1kg 정도의 무게 감각을 익힌다. 1kg들이 봉지를 활용하자

⑨ 손 운동은 엄마부터
── 무게 감각

발과 달리 손으로는 섬세하고 작은 운동을 많이 할 수 있습니다.

그러니까 엄마가 팔이나 손가락을 당기고 쥘 때 엄마 손의 힘이 아기 몸이 감당할 수 없을 만큼 강하면 탈구가 일어날 수도 있습니다.

태어날 때부터 근육이 발달돼 있는 아기가 있는가 하면, 체격은 커도 힘이 없는 아기도 있습니다. 손의 움직임을 돕기 위해서는 엄마가 주는 힘도 상황에 맞게 조절해야 합니다.

우선 엄마가 손에 힘 주는 법을 연습합시다.

주방용 저울을 활용해보세요. 1킬로그램이 되도록 한 손으로 눌러보고, 양손으로도 눌러보세요. 그러면서 얼마나 힘을 줘야 1킬로그램이 되는지를 몸으로 기억하세요. 3~4킬로그램 정도까지 대강 알 수 있게 해두면 충분합니다.

그런 다음에는 1킬로그램들이 주머니를 준비하세요.

우선 손가락 하나로 듭니다. 좌우 모두 같은 손가락으로 들어

양손의 손가락을 쥐게 한 후 천천히 들어 올린다

올립니다.

이때 팔 위쪽을 가급적 옆구리에 붙이고 **손목 스냅을 이용해서** 두세 번 아래위로 올렸다 내리며 무게를 실감해보세요. 이것도 3킬로그램 정도까지 알게 되면 충분합니다.

이 무게감이 아기에게 손 운동을 시킬 때 엄마가 힘을 다루는 기준이 됩니다.

아기에게 손가락을 쥐어주고 상체를 올리게 할 때, 강하게 쥐었다고 해서 갑자기 4~5킬로그램을 들어 올리는 힘을 주어서는 안 됩니다.

제 경우에는 힘을 가장 많이 줄 때도, 손 운동을 시킬 때는 **아기 체중의 1/3 이하로 힘이** 실리게 했습니다. 익숙해지면서 서서히 늘렸지만 **체중의 반이 넘는 힘은 주지 않았습니다.**

과학적 근거가 있는 것은 아니고 대략적인 짐작입니다.

여러 아기에게 이 방법을 시도해보았는데요, 싫어하거나 탈구를 일으킨 아기는 한 명도 없었습니다. 막 태어난 제 아들의 경우 500~600그램 정도의 힘을 줘도 손을 놓으려 하지 않았지요.

엄마의 집게손가락을 아기에게 쥐어주고 전후좌우로 흔들 때도, 1킬로그램부터 조금씩 늘려서 아기의 악력을 강화시킵니다.

* 이 책의 육아법에 따르려면 아기보다 엄마가 더 힘들게 학습해야 하지요.

⑩ 양손을 쓰게 해요
── 양손 협응

자기 손을 가만히 보고 있는 아기는 제 손을 움직일 수 있다는 것을 신기해하는 것 같습니다.

손을 더듬거리거나 가끔 손을 공중에 들고 보고 있지요.

이제까지 손가락 운동을 해온 아기라면 이런 시기는 비교적 짧습니다. 아기는 자기 손을 바라보기보단 움직입니다. 손에 잡히는 대로 물건을 잡고 쥐지요.

이 시기에 주는 장난감은 아기 손으로 잘 쥐고 움직일 수 있는 것이 좋습니다. 잡기 좋은 두께, 누르기 쉬운 스위치나 키, 집기 편한 돌기가 있는 장난감을 고르세요. 탄력 있는 스펀지나 고무 공도 좋습니다.

장난감을 곧잘 입으로 들고 가는 아기라면 아직 이도 없으면서

장난감은 좌우 어느 손으로도 잡을 수 있는 위치에 둔다

잇몸으로 잘도 씹었다고 놀랄 만큼, 단단한 물건을 잘근잘근 씹기도 하니까 주의하세요.

장난감이라는 고정관념에 사로잡히지 말고, 아기 손의 힘과 손가락 크기에 꼭 맞는 '물건'이 아기에게는 장난감이 된다는 것을 명심하며 찾아보세요.

아기에게 적절한지 확인되지 않은 장난감을 처음 줄 때는 반드시 엄마가 손에 들고 건네주세요.

그때는 **아기 몸의 중심부, 즉 양손에서부터 같은 거리만큼 재어 들어온 부분에 놓고 아기가 들게 합니다.** 어느 쪽 손을 많이 사용해 드느냐에 따라 아기가 어떤 손을 주로 쓰게 될지 알 수 있습니다. 장난감에 따라 주로 쓰지 않는 손으로 잡는 것이 더 편할 때도 있습니다.

주로 쓰는 손이 어느 쪽인지 알게 되어도, 훈련은 양손을 동일하게 합니다.

잘 쓰지 않는 손이라고 아무것도 할 수 없으면 안 되지요. 같은 조건을 주고 아기가 스스로 쓰기 편한 손을 고르게 합시다.

움직여서 소리를 내는 장난감이라면 손가락이나 손을 잡기 쉬운 모양으로 만들어준 후 그 위를 엄마 손으로 감싸서 눌러주세

엄마가 거들어주면 아기는
길게 놀 수 있다

요. 장난감을 주었을 때 아기가 들기 힘들어해도 마찬가지입니다.

모처럼 장난감을 찾아줬는데 아기 마음에 안 들 때도 있습니다. 그런 경우에는 며칠 지난 후 다시 주면 되니까 손에 닿지 않는 곳에 치워두세요.

장난감 가짓수를 너무 늘리지 마세요. 장난감에도 신참과 졸업생이 있다는 사고방식을 가지세요. 하나가 들어오면 잘 가지고 놀지 않는 장난감은 치웁니다. 이때 **가장 잘 맞는 장난감이란, 아기를 위해 좋은 교재가 되는 좋은 장난감입니다.**

한 장난감을 질리지 않고 이리저리 가지고 노는 아기로 자랐다면, 장난감을 많이 둘 필요는 없습니다. 장난감 하나를 가지고 놀다 질려서 휙 던지면 또 다른 장난감을 주기 십상이지요.

그럴 때는 손을 비벼주고 손가락 하나하나를 늘렸다가 굽혀준 후 "잘 놀았네." "재미있었어?" 하고 말을 걸며 기분전환을 시켜줍니다. 그런 후 **"같은 걸로 또 놀래? 다른 걸로 할래?"** 하며 전과 같은 장난감과 다른 장난감 두 개를 보여줍니다. 더 놀고 싶다면 아기는 반드시 하나를 고를 겁니다.

그때 아기가 주로 쓰는 손 쪽에 이제까지 갖고 놀았던 장난감

을 들고 보여줍니다. **둘 다 갖고 싶어한다면 양손에 들려주세요.**

이런 식으로 장난감을 가지고 놀 때 엄마가 손을 좀 빌려주면 아기는 상당히 긴 시간 동안 놀 수 있게 됩니다.

> * 흥미를 갖고 손을 쓰게 만드는 것이 요령입니다. 주로 쓰는 손도 그렇지 않은 손도 모두 같은 비율로 쓰게 해서 양손을 협응해 능숙하게 쓸 수 있는 아이로 키웁시다.

11 거울 속에는 엄마도 아기도 있다
—— 자아의 탄생

제2기(목 가누는 시기)가 되면 아기는 마주 보고 있는 엄마의 얼굴을 정확히 알게 됩니다.

아기를 안고 거울 앞에 앉아보세요.

거울에 비친 두 사람의 모습에 아기가 별로 흥미를 보이지 않을 때는 아기만 비치게 합니다. 그런 다음 엄마만 비치게 해서 보여줍니다.

두 사람의 위치는 바꾸지 않은 채 거울의 각도를 바꿔서 거울 속에 비치는 상만 아기가 볼 수 있게 하는 겁니다. 흥미를 갖게

거울 속에 비치는 아기의 눈이나 입을 가리키며 "눈" "입"이라고 말해 준다

될 때까지 하루에 한 번은 놀아주세요.

흥미를 보인다면 **거울은 아기에게 장난감이 되고 엄마에게는 좋은 교재가 된 것**입니다. 거울 놀이를 하며 자신의 얼굴을 인지 시키는 것이죠. 똑같이 눈이 있고 입이 있다는 것을 알고, 똑같이 움직인다는 것을 알게 됩니다.

거울을 멀리서부터 가까운 곳으로 가져가거나 아기를 먼 곳에서부터 거울에 다가가게 합니다. 또, 갑자기 거울을 아기 시야 속으로 넣거나 거울에 비친 아기의 얼굴과 엄마의 얼굴을 번갈아가며 보여줍니다. 거울 속에 있는 아기의 입과 눈을 아기 뒤에 앉아 가리키며 "눈" "입" 하고 말해줍니다. 그리고 아기에게도 만져 보게 합니다. 몇 번 하고 나서 거울을 치우고, 엄마의 얼굴을 가까이 한 다음 "엄마 눈"이라고 말하며 아기 손으로 만지게 하고, "아기 눈"이라고 말하며 엄마가 아기의 눈을 만집니다.

이 놀이를 다양하게 활용하면 **거울이 없어도 '엄마의 ○○' 아기의 ○○'라는 것을 알게 됩니다.** 자신의 존재를 거울을 통해 눈으로 보며 알아 가는 것이죠. 이 놀이는 혼자서 잘 앉게 될 무렵이 되면 흥미가 줄어들어서 졸업하게 됩니다.

안전한 손거울을
장난감으로 주자

거울에는 똑같은 것이 비치고, 거울에 비치는 것은 거울 뒤에 있는 것이 아니라 거울 앞에 있는 것이란 사실을 알아차리게 되기 때문이지요.

그 무렵이 되면 혼자 거울을 보며 장난칠 수 있게 되니까 안전한 손거울을 장난감으로 추가해주면 좋습니다.

안거나 업고서 큰 거울 앞으로 빠르게 다가가거나 멀어지는 놀이를 해주면 매우 즐거워하는 시기가 이때입니다.

속도를 다양하게 바꿔보세요. 아기에게 거울 속 자신을 바라보게 하고, **그 상이 속도에 따라 변한다는 것**을 알게 하는 겁니다.

멀리 떨어졌을 때는 작았던 상이 가까이 다가가면 자신의 얼굴이라는 것을 확실히 알게 되도록 말이죠. 천천히 다가갔을 때 거울에 비친 상을 제대로 쫓고 있는 것 같으면, 서서히 속도를 올려서 변화를 줍니다.

이때는 '**앞을 보게 해서 안는 것**'이 효과적입니다.

아기는 앞을 보게 하고 엄마는 뒤에서 가랑이 사이에 손을 넣어서 팔꿈치를 90도 정도 굽혀 앞팔로 아기를 들어 올립니다. 다른 손으로는 아기를 감싸 안습니다.

　이렇게 하면 아기 얼굴 바로 위에 엄마 얼굴이 있으니까 거울 속에서 일어나는 변화도 즐길 수 있지요.

　앞을 보게 해서 안으면 외출해서 바깥 세계를 볼 때도 **엄마가 보고 있는 것과 동일한 세계를 공유**할 수 있습니다. **바깥을 보며 말을 걸어주세요.**

　한편, 이렇게 앞으로 안고서 거울 앞에 있으면 아기 성격의 한 단면이 드러납니다. 거울 속 자신을 질리지도 않고 바라보거나, 손으로 잡아보려고 초조해하거나, 한 번 잡아보려 했다가 불가능하다는 것을 알면 다시는 손을 내밀지 않는 등 다양한 행동이 나타나기 때문이지요.

* 거울에 비친 자신의 얼굴이 자신임을 아는 것이 자아의 탄생입니다. 이런 일이 가능한 것은 인간과 어른 침팬지뿐이지요.

제 3 기

[앉는 시기]

3개월 반부터 5개월 반까지

앉아서 손을 쓸 수 있게 해요

● 앉아서 손을 쓸 수 있게 하려면-앉는 시기의 목표

목을 잘 가눌 수 있게 되면 낮 동안 깨어 있는 시간이 길어져 하루의 반은 깬 상태로 있을 수 있게 됩니다.

일어나 있을 때 아기의 호기심은 한층 더 높아지지요. 쉴 새 없이 눈동자를 굴리며 주위를 둘러보며 탐색하고, 손으로 쥐며 더 자세히 탐색합니다.

등과 배 근육에 힘이 붙어서 누워 있다가 엎드릴 수 있고, 엎드려 있다가 눕는 등 혼자서 뒤집기를 할 수 있게 됩니다.

이 제3기(앉는 시기, 3개월 반~5개월 반) 육아의 목표는 앉아 있을 수 있게 하는 것, 손을 쓰게 하는 것입니다.

아기가 깨어 있을 때는 가능한 한 같이 놀아줍시다. 함께 놀아주지 않으면 자극에 반응하지 않고 호기심도 보이지 않는 소극적인 아이로 자라고 맙니다.

● '쥐기'와 '잡기'-잡을 수 있는 아기가 예쁜 글씨를 쓸 수 있다

손가락을 사용하는 운동에는 기본적으로 두 종류, '쥐기'와 '잡

유아기 때 '잡기'와 '쥐기'를
모두 단련하자

잡기　　　　　쥐기

기'가 있습니다.

아기는 본래 '쥘' 수 있지만 훈련하지 않으면 제대로 '쥐지' 못합니다.

'잡기'는 원래 하지 못하니까 이 시기에 확실히 훈련시켜야 합니다. 그러면 글자를 잘 쓰게 되고 만들기도 잘 하게 되지요.

쥐면 '주먹' 모양이 됩니다. 손바닥을 네 손가락으로 감싸고 그 위에 엄지손가락을 올립니다. 손바닥을 만져서 자극하면 네 개의 손가락을 구부리는 반사가 일어납니다. 대뇌운동야가 반사중추로 작용하는 '대뇌반사'입니다.

막 태어난 아기가 보이는 반사는 자극이 없어도 저절로 손을 쥐게 되기 때문에 '원시파악반사'라고 합니다.

눈앞에 있는 공을 스스로 '쥘' 때는 우선 전두전야의 신경세포가 활성화되어 쥐려 하는 의지가 발생하고, 무엇을 어떻게 쥘 것인가에 해당하는 '쥐기 계획'이 '작업기억'으로서 전두전야에 보존됩니다.

그런 후 운동야의 신경세포가 활성화돼서 손 근육에 '운동명령'을 보내고 손가락을 굽히는 근육을 움직이게 해서 쥐는 운동이 일어납니다.

손으로 쥐는 운동은 하등한 원숭이(여우원숭이, 다람쥐원숭이)들도 할 수 있습니다.

　이때는 진화 과정에서 오래된 축에 속하는 운동야(구운동야, 5페이지의 운동야)가 활동하고, 그곳에서 발신된 신호가 척추의 신경세포로 가서 운동세포가 활성화되며 운동이 일어납니다.

　눈앞에 있는 사과 한 쪽을 '잡을' 때에는 전두전야가 활성화되어 잡으려 하는 의지가 발생하고, 무엇을 어떻게 잡을지에 대한 '잡기 계획'이 '작업기억'으로서 전두전야에 보존됩니다.

　그 후 운동야의 세포가 활동하는 건데요, 앞서 말한 구운동야가 아니라 중심구라는 고랑에 있는, 표면에서는 보이지 않지만 인간 진화 과정에서 생긴 새로운 운동야(중심구 뒤쪽 벽에 있기 때문에 위에서는 보이지 않는 신운동야)의 신경세포가 활동합니다.

　쥐기 운동은 제1기(반사기)부터 할 수 있지만, 잡기 운동은 제3기(앉는 시기)부터 훈련하면 가능해집니다.

　구운동야가 활동해서 일어나는 파악운동은 '악력파악', 신운동야가 활동하는 파악운동은 '정밀파악'이라고 합니다.

　우리가 도구를 사용할 때는 신운동야가 활동합니다. 도구를 잘 쓸 수 있게 되려면 처음에는 다양한 물건을 여러모로 활용해서 운동 연습을 해야 합니다. 하면 할수록 잘하게 되지요.

● 손 훈련–작은 물건을 잡을 수 있는 훈련

　이 시기의 아기는 손으로 물건을 쥘 수 있게 된 데다 힘은 전 단계보다 강해져서 무거운 것, 큰 것도 쥘 수 있게 됩니다. 하지만 손가락으로 잡기는 아직 잘 못하지요.

　주변에 아기의 흥미를 끄는 것이 있으면 그쪽을 향해 손을 뻗습니다. 주변에서 소리가 난다면 그 방향으로 얼굴을 돌리고 눈으로 본 다음 손을 뻗습니다. 흥미로운 물건을 잡아 손 쪽으로 끌고 와서 그 성질을 조사합니다.

　하지만 손가락을 능숙하게 쓰지는 못합니다. 작은 물건을 집게 손가락과 엄지손가락으로 잡기도 힘들지요.

　이 시기에는 작은 물건을 잘 잡을 수 있게 하는 것이 중요합니다. 손가락 운동에 도움이 되는 장난감을 주어야 하지요. 딱 맞는 장난감은 잘 팔지 않으니까 여러모로 궁리해봅시다.

　작은 물건은 손가락을 쓰게 할 때 필요하지만, 입 안에 넣고 탐색하는 일도 있고, 간혹 삼켜버리기도 하기 때문에 문제가 됩니다.

　작으면서 안전한 물건은 좀처럼 눈에 띄지 않지요. 작은 물건을 장난감으로 주고, 입에 넣어도 삼키지는 않도록 가르치는 수밖에 없습니다. 늘 감시하며 놀게 해야 하지요.

장난감은 잡았다가 떨어뜨려도 깨지지 않는 것, 아기가 잡고 흔들면 소리가 나는 것이 좋습니다.

침대에 누워 있는 아기가 우연히 뻗은 팔이 딸랑이뱀에 닿아 소리가 난다면 그 덕에 장난감이 있다는 것을 알게 됩니다.

소리 나게 하는 게 재미있으니까 아기는 반복해서 팔을 움직여 소리를 냅니다. 아기의 흥미를 끌려면 적당히 새로운 장난감이어야 합니다.

늘 같은 것만 주면 질리는 게 당연하지요. 반대로 완전히 새로운 장난감이라 해도 그때까지 아기가 알고 있던 것과 관련성이 없으면 흥미를 보이지 않습니다. 그러니 중간 정도로 새로운 것을 끊임없이 주어야 합니다. 그렇게 하면, 외부의 물건과 자신이 하는 행동과의 관계를 이해하게 됩니다.

손 훈련의 목표는, 손가락 하나하나로 물건을 잡을 수 있게 되는 것과 손으로 만져서 알게 되는 세계를 풍요롭게 하는 것입니다. 한쪽 손에 치우치는 일 없이 모두 쓰게 합시다.

장난감은 아기가 손으로 쥐고 움직일 수 있는 크기여야 합니다.

● 예측하는 연습-'다음에 일어날 일'을 간파하도록
발달하는 뇌

움직이는 것을 눈으로 쫓을 수 있게 된 아기는 앞으로의 일도 예측할 수 있게 됩니다. 정신적 하루살이인 아기가 처음으로 과거-현재-미래라는 시간 관념을 알게 되는 것이죠.

시험 삼아 아기 눈앞에서 손에 든 공을 떨어뜨려보세요. 아기는 공의 낙하 궤적을 전부 눈으로 쫓지 않아도 낙하 예정점에 시선을 돌릴 수 있습니다. 공이 어떻게 떨어지는지 알고 낙하점을 예측할 수 있었던 거죠.

거즈 손수건으로 아기 얼굴을 덮었다가 치우는 손수건 놀이는 예측하는 법을 알려주는 놀이 중 하나입니다. 이 조건부 반응의 보상은, 말을 걸어주거나 다정한 엄마의 얼굴을 보여주는 것, 피부를 간질여주는 것이죠.

보상을 받으면 아기는 좀 더 해주길 바라게 됩니다. 정지해 있는 것을 쥘 수 있게 되면, 이동하는 것을 잡게 합니다.

바닥을 굴러가는 공을 쥐기 위해서는 공이 움직이는 궤적을 예측하고 잡을 준비가 된 손을 공의 도착 예정점에 먼저 가져가야 한다는 것을 알려줘야 합니다.

다음에 일어날 일을 간파하는 것은 대뇌 전두전야의 활동 영역입니다. 눈에 보일 것을 예측하기, 들릴 것을 예측하기, 다음에 할 운동을 예측하기는 장차 뇌의 힘을 높이기 위한 기초가 됩니다.

● 엎드리기와 두 종류의 자세 반사–앉고 서기 위한 조건

허리 근육에 힘이 붙지 않으면 앉을 수 없습니다. 앉혔는데 앞으로 고꾸라져서야 뒤집기도 할 수 없지요.

엎드렸을 때 고개를 들고 팔꿈치와 허벅지를 써서 포복 자세를 취할 수 있게 해야 합니다.

제1기(반사기) 때 빠는 반사를 빠는 반응으로 유도했듯, 자세반사를 이용해 엎드린 자세에서 포복 자세로 발전하도록 가르칩니다.

엎드려서 고개를 들면 등과 팔다리의 근육이 활성화되는 반사가 있습니다. 얼굴을 들어 미로가 자극받으면 손과 발을 뻗으며 등이 활처럼 젖혀집니다. '**긴장성 신장미로반사**'입니다.

얼굴을 들어서 목 근육이 활동하게 되면 목뼈 사이에 있는 관절의 감각기가 자극받아서 손은 뻗지만 다리는 구부러지는 반사가 일어납니다. '**긴장성 굴절반사**'입니다. 이 두 가지는 설 때 중요한 **자세반사**입니다.

이러한 반사는 빨기 반사와 달리 자극을 받으면 반드시 일어날 만큼 강하지는 않습니다. 어느 정도 근육이 붙었을 때 자극을 주면 일어나지요.

그러니까 아기의 자세반사를 이용하려면 팔다리의 근육, 특히 어깨와 허리 주위에 붙은 근육(양팔 양다리의 근육)에 아기가 스스로 힘을 줄 수 있어야 합니다.

배밀이 운동을 하려면 목에 힘을 주고 얼굴을 들어 올려야 하지요.

엎드린 자세에서 바로 누운 자세로, 바로 누운 자세에서 엎드린 자세로 뒤집기도 할 수 있어야 합니다. 등근육도 단련해야 하지요. 자세반사가 나오기 쉬운 자세를 하고 근육을 써서 힘을 강화해 하루 빨리 앉을 수 있도록 하는 겁니다.

① 손가락으로 물건을 잡자
—— 손을 자유자재로 쓰기 위한 기초

아기의 생활에 일정한 리듬이 생기고 혼자서 앉아 있을 수 있게 되면 엄마도 상당히 편해집니다.

노는 시간도 길어지고 너무 조심스럽게 다루지 않아도 괜찮지요.

바로 이때가 혼자 잘 논다며 눈을 떼는 일이 많아지는 시기입니다.

이 시기에는 몸도 단단해지지만 뇌도 발달해서 아기는 점점 아기다운 방식으로 머리를 쓰기 시작합니다. 어제와는 조금 다른 행동을 하는 거지요.

엄마의 관찰력을 이 시기까지 제대로 키워두지 못하면, 아기의 눈부신 진보를 쫓아갈 수 없습니다. **작은 변화가 동시다발적**으로 일어나기 때문이지요.

그 작은 변화들이 나타나는 방식에서도 개성이 드러납니다. 어제까지는 손끝에 힘을 주지 못했던 아기가 작은 휴지 같은 것을 가볍게 잡을 수 있게 되기도 하지요.

혼자 앉아서 손끝으로
물건을 쥐게 한다

　다섯 손가락을 모두 써서 물건을 잡도록 알려주고 가르쳐왔다면, 손끝으로 물건을 잡을 수 있게 되었을 때 한시라도 빨리 알아차려야 합니다.

　손끝에 강한 힘을 줄 수 있게 됐다면, 손끝을 자유자재로 움직이기 위한 기본을 익히게 해주어야 하기 때문이지요.

　드디어 손끝을 쓸 수 있게 된 겁니다.

　엄마의 피부를 꼬집듯 잡는 것과 손끝을 사용할 수 있는 것은 다른 의미를 가지고 있습니다. 잘 봐야 차이를 알 수 있습니다.

　손끝을 쓰는 것처럼 보인다면 추가할 장난감이 있습니다. 잡을 수 있는 작은 물건, 다 먹은 작은 요구르트병입니다.

　손 훈련을 위한 놀이 친구로 넣는 거니까, 장난감 상자나 바닥에 놓고 방치하면 안 됩니다.

　우선 추가한 장난감 수를 세어서 확인한 후, **항상 엄마와 함께 있을 때만** 쓰게 하세요.

　엄마가 장난감이 아니라 **교재로서 다룬다는 것을 강조**합시다.

　그리고 아기가 가지고 놀다가 그대로 입가에 가지고 가려 하면 놓치지 말고 **"입에 가져가면 안 돼"**라고 말하며 장난감을 손에 잡은 채 입에서 떨어지게 합니다. 절대 빼앗지는 마세요.

물건을 입에 넣으려고
하면 빼앗지 말고, 장난
감을 손에 쥔 상태에서
손을 입에서 떨어뜨린다

장난감을 그저 만지작거리며 '입에 넣어볼까?' 하고 생각하는
것 같거나 열심히 가지고 놀지 않고 멍하게 있을 때는, 엄마도 같
은 것을 하나 들고 와서 아기가 들고 있는 것을 통통 두드리면서
신경을 돌리세요.

하지만 자꾸 입에 가져가려고 할 때도 있을 겁니다. 그럴 때는
작은 요구르트병을 연결해서 만든 장난감과 바꿔줍니다.

이때도 **"빨면 안 돼."** 하고 말하세요.

다시 입에 가져가려고 하면 입으로 확인해보려 하는 건지, 아니
면 입이 심심한 건지 구분할 필요가 있습니다. 입이 심심한 것 같
으면 큰 장난감이나 공갈젖꼭지로 바꿔주세요. 훈련은 끝입니다.

입으로 확인하려는 것이라면 놀이 시간이 길었을 경우에는 일
단 다른 놀이를 하도록 유도합니다.

놀이를 얼마 하지 않았는데 입에 넣으려 한다면 아직 입의 감
각이 더 뛰어난 것이니까 이런 작은 장난감으로는 손가락 훈련을
할 수 없습니다.

이런 아기는 귤이나 양파를 넣었던 망이나 실타래, 면으로 된
헝겊을 주도록 합시다.

이때도 **입에 넣는 것은 금지**합니다. 빨 수 있는 것을 충분히 주

입을 잘 움직이게 되면
아무거나 입에 넣으려고
하는 시기가 짧아진다

어서 입을 능숙하게 움직일 수 있게 되었다면 아무거나 입에 넣으려 하는 시기는 짧아집니다.

이렇게 하는 것은 이제 곧 올 시기, 아기가 통제할 수 없이 움직여서 **눈을 뗄 수 없는 시간을 짧게 하기 위한 포석**이 됩니다.

> * 손으로 쥐는 것뿐만 아니라 손끝으로 잡는 것이 중요합니다. 특히 엄지손가락을 잘 쓸 수 있게 유념하세요.

② 언제 이유식을 시작할지는 아기가 알려준다
—— 식탁 데뷔

"언제부터 이유식을 시작해야 하나요?"라는 질문을 자주 받습니다.

하지만 저는 "언제 시작하면 좋을지 아기에게 물어보세요"라고 말하고 싶습니다.

물론 아기는 말을 못하니까 자극을 주어서 아기의 반응을 보고 알아들어야 하지요.

우선은 어른들이 식사하고 있을 때 아기가 일어나 있다면 아기

어른이 식사하는
모습을 제대로 보
여준다

도 동석시킵니다. 엄마 옆에서 아기가 계속 식탁을 내려다볼 수
있게 해줍니다. 눕혀도 되고, 목을 가눈다면 베개를 끼워서 고개
를 들게 해주거나 엎드리게 해서 아무튼 엄마 아빠가 식사하는
모습을 가능한 한 제대로 볼 수 있도록 해주세요. 안고서 먹는
모습을 보여주는 것도 좋습니다.

목을 막 가누기 시작한 아기는 엄마 아빠가 젓가락을 쓰는 모
습을 눈으로 쫓으며 입가를 응시합니다.

그러곤 자기 입을 오물거리거나 쪽쪽 빨 겁니다. 손도 그에 맞
춰 움직입니다. 자기도 함께 먹고 싶어하는 표정을 짓습니다. "아
아" "부부" 같은 소리를 내기도 합니다.

이런저런 음식들을 가만히 보고 밥과 반찬을 따로 먹는다는
것도 알게 됩니다.

식탁을 구경하며 아기는 분유 이외의 음식에 흥미를 갖게 됩니다.

하지만 이 시기에도 개인차가 있어서 아무리 보여줘도 어른의
손과 입모양만 보고 스스로 반응은 하지 않는 아이도 있습니다.
백일보다 빠른 경우도, 훨씬 늦는 경우도 있습니다.

어른이 식사하는 것을 보고 아기도 입을 움직이며 군침을 흘리
거나 입을 빨면 아기가 이제 시기가 되었다고 알려주는 거니까

아기가 된장국이나 수저
에 반응을 보이면 주기
시작한다

이유식 개시입니다.

아직 우리 아이에게는 빠르다는 생각에 뒤로 미룰 필요는 없습니다. 조금씩 주면 되니까요.

처음에는 이유식이 아니라 보조식, 부식을 조금 주는 정도, 먹는 것에 변화를 주는 정도라고 생각하세요. 주식은 어디까지나 모유나 분유입니다.

먹는 흉내를 내듯 식탁 위의 된장국이나 스프를 젓가락 끝에 찍어서 아기 입 안에 살짝 넣어줍니다. 이상한 표정을 지을 수도 있고 맛있단 표정을 할 수도 있습니다. 아기가 분명한 반응을 보이면 주기 시작합니다.

아직 씹지 못하는 시기이니까 첫 이유식은 딱딱하지 않은 것으로 고릅니다. 꼭 **유동식부터 시작할 필요는 없어요.**

중요한 것은 적은 양에서 시작해 매일 조금씩 양을 늘려가고, 동일 재료로 만든 것으로 시작해야 한다는 것입니다.

만약 음식이 아기 몸에 맞지 않아서 두드러기가 나거나 설사를 할 수도 있으니 주의해서 줍시다. 알레르기에는 세심히 신경 써야 합니다. 만약 알레르기 반응을 일으켰다면 바로 전문의에게

진찰받도록 합시다.

　처음 먹이는 재료는 스푼 한 숟갈 이하의 양을 한 가지 재료만
써서 매일 먹여보세요.

③ 음식 첫 경험은 오전 중에
—— 두 종류를 동시에 주지 않기

　같은 식품을 며칠에 걸쳐 먹여봐서 설사나 두드러기가 일어나
지 않는다면 다른 식품으로 바꿔주며 식사 내용을 풍부하게 합
니다.

　무엇이든 먹을 수 있는 아이가 되길 바라는 것이 부모 마음이
지요.

　하지만 체질에 맞지 않는 음식도 있으니까 먹여보지 않으면 보
통 알 수 없습니다.

　하나의 식품이 괜찮다는 것을 알게 된 후 다른 식품을 추가합
니다. **절대 한 번에 새로운 식품을 두 종류씩 주지 않도록** 주의합
시다.

여태껏 잘 먹었는데 갑자기 설사 같은 문제가 생겼다면 조리법이나 재료를 되돌아본다

처음 먹는 식품을 두 종류 이상 메뉴에 추가해서는 안 됩니다. 안 좋은 결과가 나왔을 때 어떤 것이 원인인지 알 수 없기 때문이지요.

한 종류의 식품을 적은 양부터 조금씩 늘려가는 것이 이유식을 만들 때 지켜야 할 중요한 조건입니다.

쌀가루보다 조금 더 큰 입자부터 시작한다면, 체중이 적거나 월령이 모자라도 줘볼 수 있습니다. 3일 연속 먹여도 설사를 하지 않고 피부에 알레르기성 습진도 나지 않는다면 새로운 식품을 줍니다.

주의할 것은, **오전 중에 새로운 식품을 주어야 한다는 것입니다**. 사실은 아기의 식욕이 왕성하고 분유를 잘 먹는 시간이 좋지만, 소화불량을 일으켰을 때는 보통 식후 3~4시간 사이에 증상(설사나 구토)을 보입니다. 밤에 결과가 나타나면 치료가 늦어지겠죠.

이유식을 시작할 때는 무슨 일이 일어날지도 모른다는 불안감이 끊이지 않을 거예요. 당연한 일입니다. 조심하고 또 조심해야 합니다.

이 시기부터 음식에 대한 호불호와 이유 없는 편식의 싹이 자라기 시작합니다. 편식 하지 않는 아이로 키우기 위해서는 **이미 시험해본 다양한 종류의 음식을 먹이도록** 해야 합니다.

같은 재료만 계속 먹이거나, 단품 요리만 주지 않도록 합시다.

꼭 아기를 위해서만이 아니라 가족 모두의 건강에도 연결되는 문제니까, 아기용 특별 메뉴에만 시간을 투자하지 말고 가족들의 식사를 신경 쓰면서 그 안에서 아기가 먹을 수 있는 것을 늘려가도록 하세요.

이제까지는 별 탈 없이 먹어왔는데 갑자기 설사를 하거나 토할 경우에는 조리 과정 중에 문제가 없었는지, 재료가 나쁘진 않았는지, 그날 아기의 상태는 어땠는지 되새겨보며 원인을 찾아봅니다.

원인을 확실히 알게 되었다면 상관없지만, 잘 모르겠는 경우에는 반드시 의사와 상담하세요. 변을 가져가서 의사 선생님에게 그 날의 식사 내용과 취침 및 기상 시의 상태를 확실히 이야기하고 치료를 받습니다.

원인을 알게 되었다면, 한 끼 정도는 식사(분유나 그 외의 먹을 것)를 자제하고 물만 먹입니다. 배를 따뜻하게 해주며 상태를 지켜봅시다.

아무 맛도 나지 않는 고무제 젖꼭지가 아니라 맛있는 말린 오징어나 다시마를 준다

④ 자연식품도 공갈젖꼭지가 될 수 있다
—— 말린 오징어와 다시마의 효용

침을 많이 흘리고 유두를 깨물거나 젖병 젖꼭지를 잇몸으로 으득으득 씹는 등 왠지 모르게 안절부절 못하고 신경질적으로 굴면 유치가 나올 시기입니다.

유치가 나오는 시기는 아기에 따라 상당히 차이가 납니다.

다양한 공갈젖꼭지가 판매되고 있지만 우리 주변에도 공갈젖꼭지로 쓸 수 있는 식품이 있습니다.

빨면 맛있고 씹으면 맛이 나는 '**자연식품**'입니다.

초기에 쓰기 좋은 것은 **말린 오징어(몸통)와 다시마**입니다.

30센티미터 정도의 길이로 자른 것을 줍니다. 폭은 2~3센티미터로 합니다.

너무 작은 것은 목에 걸릴 수도 있으니까 쓰지 않도록 합시다. 다시마는 소금기를 씻어내고 말린 후에, 말린 오징어는 끓인 물에 헹군 다음 줍니다.

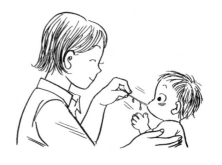

만에 하나 목구멍으로
넘어가도 천천히 잡아
꺼내면 곧 다시 빨기
시작한다

아기 침으로 축축해진 오징어와 다시마가 여기저기 끈적끈적 붙으니까, 줄 때는 깨끗하게 빤 옷을 입히든가 아예 벗겨서 의자에 앉힌 후 손에 쥐어 줍시다.

바닥에도 적당한 것을 깔면 좋겠죠.

뻴면 뺄수록 맛이 나는 데다 빨다 보면 모양이 변하기도 하고 부드러워지기도 합니다. 미끌미끌한 감촉이 좋은 건지 아기의 흥미는 끊이지 않습니다.

가끔 아기 목에 미끄러져 들어가 '켁켁'거리며 이상한 소리를 낼 때도 있지만 당황하지 마세요. 크고 긴 다시마나 오징어의 한쪽 끝을 잡고 천천히 끌어당겨서 빼주면 괜찮습니다.

아기는 기운을 차리고 또 금방 빨기 시작합니다. 울면서 안 빨다가도 다음 날이면 까맣게 잊어버리고 빨기 시작하지요.

다만 방심은 금물이니까 반드시 옆에 있어주세요.

목 안쪽으로 미끄러져 들어가길 몇 번 반복하고 나면, 들이마시면 안 된다는 것과 목에 들어갔을 때는 손으로 빼면 된다는 것 등을 몸으로 기억하게 됩니다.

윗니와 아랫니가 모두 나게 되면 말린 오징어와 다시마는 졸업입니다.

마음에 든 놀이
라면 20분이고
30분이고 계속해
서 놀 수 있다

⑤ 아기는 잘 놀고 잘 자고 잘 우는 것이 최고
—— 큰 소리로 우는 아기로 키우자

의자에 앉히면 20분 정도는 기분 좋게 앉아 있을 수 있는 시기
가 되면, 20분쯤은 혼자서 놀 수 있게 되었다고 생각할 수 있습
니다.

같은 자세로 계속 앉아 있을 수 있다는 것은 몸이 움직임을 일
정한 상태로 유지하고 멈출 수 있다는 의미입니다.

앉는다는 행동에 머리를 집중시켜 쓸 수 있다는 얘기니까 이제
껏 해왔던 놀이나 식사라면 집중할 수 있을 겁니다.

앉아 있을 수 있는 시간이 20분이라면 20분 이상, 30분이라
면 30분 이상 좋아하는 놀이를 계속해보게 합시다.

질리기 전에 살짝 말을 걸거나, 다른 장난감을 추가로 주면서
1분, 2분씩 늘려갑니다. 이렇게 해서 놀이 시간이 조금씩 길어지
면 오랫동안 혼자 놀 수 있게 되고, 단순한 놀이를 혼자 다양하
게 생각해서 응용하는 여유가 생깁니다.

부디 지루해서 멍한 눈을 하고 있는 시간이 긴 아기로는 키우

어떻게 우는지를 보면 건강상태도 보인다

지 않도록 합시다. 얌전한 아기는 곧잘 이런 멍한 눈을 합니다. 유모차 안에서 한 곳을 멍하니 바라보며 넋을 놓고 있는 아기가 있지요. 허공을 응시하며 아무 생각없다는 눈을 하고 있습니다.

깨어 있을 때는 눈이 초롱초롱하고 끊임없이 움직이다가, 조용하다 싶으면 잠들어 있는 것이 심신 모두 건강히 자라고 있다는 증거라고 할 수 있습니다.

이런 아기는 징징거리며 우는 일이 별로 없습니다. 울 때는 큰소리로 우는 아기가 잘 자라고 있는 것이죠.

머리를 위해서는 '우는 아기가 자라는 것'이 아니라 '큰 소리로 울 줄 아는 아기가 자라는 것'이고, '잘 자는 아기가 자라는 것'이 아니라 '아무도 모르는 새 자는 아기가 자라는 것'이지요.

둘째 아들은 생후 1개월 동안은 하루에 몇 번씩은 반드시 울었어요. 그러던 것이 하루에 한 번, 이틀에 한 번으로 줄었고, 반년이 지났을 때는 "전에는 언제 울었지?" 하고 생각해봐야 할 정도로 울지 않고 지냈습니다.

오랜만에 울면 주위 사람들이 신기해서 "왜 그러니?" 하고 다가올 정도가 됐지요.

그러니까 저도 "울고 싶은 만큼 울렴. 우는 법을 까먹겠네." 하

여자애니까 얌전하게 우는 게 낫다는 사고방식은 버리자

고 아들이 우는 것을 즐기는 면이 있었습니다.

또, 아들 역시 울기 시작하면 좀처럼 그치지 않고 온 힘을 다해 울었고 매번 원인을 알지 못한 채 그쳤습니다.

이럴 때는 저도 울면 속이 시원해질 거야, 눈물이 넘치다보니 울기도 하고 겸사겸사 **눈물샘 대청소도 하나보다,** 하고 생각하고 굳이 그치게 하지 않았습니다. 열심히 울고 있을 때는 다른 짓을 하지 않는 안전한 때라고 생각하고 황급히 일을 하나 마치기도 했지요.

눈을 잠깐 떼도 괜찮습니다. 울면서 위험한 짓도 할 수 있는 울음과는 다르니까요.

우는 것도 아기의 일입니다. 온 힘을 다해 울리는 것도 필요합니다. 몸 상태가 안 좋을 때는 정말 가녀리게 우는 법이지요.

당당하게 울기, 여자 아이라도 할 수 있습니다. 여자 아이는 조용하게 운다고들 하지만, **집중력이 붙은 여자 아기는 당당하게 울고, 이윽고 개성 넘치는 아이로 자라납니다. 폐활량도 커서 남자 아이 못지않게 운동을 할 수 있지요. 여자아이니까 조용하게 울어서 좋다고 생각하지 마세요.**

아기를 등에 업고
걸음으로 리듬을
타며 노래를 불러
주는 것도 좋다

⑥ 리듬 감각은 음악가만 필요한 것이 아니다
── 오감을 전부 사용하기

아기의 감성을 갈고닦을 때는 하나의 감각만 자극하면 안 됩니다. **오감 전부를 사용해 기억하게** 합시다.

특히 **청각을 키우기 위해서는 신체의 진동도 중요한 자극 요소**가 됩니다. **리듬감을 키운다**는 느낌으로 해봅시다.

업고 있다가 바깥 경치에 질렸을 때, 밤길을 걸을 때, 저는 곧잘 발걸음에 맞춰 노래를 불렀습니다.

노래는 '산토끼 토끼야 어디를 가느냐' 한 소절만을 빨리 걸을 때는 빨리, 천천히 걸을 때는 통통 뛰며 부릅니다. 통통 뛰면서 강약을 주고, 빠르기는 발걸음으로 맞추며 단순한 한 소절을 계속 부릅니다.

다른 소절도, 다른 노래도 부르지 않았습니다. 그래도 리듬이 변하니까 아기는 아주 즐거워했습니다.

5분 정도 거리를 이렇게 해주면 그때 그 노래는 확실히 기억에 남아서 나중에 음악을 들려주거나 처음부터 끝까지 모두 불러주

면 반드시 반응을 보입니다.

단순하게 "말, 말." "아빠." 같은 말을 하는 아기라면 다음 날부터 노래 소절이 사용 단어 목록에 올라올 겁니다. 설령 입으로는 말하지 못한다 해도 노래를 들으면 몸을 움직일 거예요.

친구 집에 놀러갔다가 이제 막 앉기 시작해 곧 기어다닐 수 있을 것 같아 보이는 남자 아이와 함께 시간을 보낸 적이 있습니다.

제 옷에는 큰 단추가 세 개 있었는데요. 아이는 단추가 마음에 들었는지 몇 번이고 만졌습니다. 그때마다 하던 말을 멈추고 "단추"라고 말해주었습니다.

그러는 동안 "단추"라는 대답을 듣고 싶은 듯 세 개의 단추 중 하나를 잡고선 제 얼굴을 보며 말해주길 바라는 것 같기에 "단추"라고 말해주느라 아기 엄마와는 대화를 나눌 수 없을 정도였습니다.

백 회 넘게 대답해주는 사이에 아기도 "단추"와 비슷한 소리를 낼 수 있게 되었습니다.

다른 날도 같은 옷을 입고 안아주며 "단추"라고 말해줄 생각으로 제가 단추를 잡았더니 아기가 먼저 "단추"라고 말했습니다.

뇌가 순조롭게 발달하고 있다면 말문도 빨리 트인다

식사를 의미하는 '맘마'나 엄마를 의미하는 '음마' 정도만 발성할 수 있던 아기가 자기 생활과 직접 관계없는 단어를 말하게 된 것이죠.

이제까지 본 적 없는 큰 단추와 단추라고 말하는 입가를 몇 번이나 보고 듣고 발음해보고 나서 그 아기는 명확히 기억하고 말한 겁니다.

그러나 제 옷에 달린 단추만 보고 할 수 있는 말이지 다른 단추가 가지고 있는 의미는 정확히 모르지요.

그러니까 단추 달린 그 옷이 없는 이상 단추는 사어가 되는 셈입니다.

이 단추의 기억이 '작업기억'입니다. 이 기억은 쓰지 않으면 바로 잊힙니다.

발음만 가르치는 것은 간단하지만 지능전반을 발달시키지 않으면 언어를 말할 수는 없다는 이야기가 되지요.

소리에 대한 반응이나 맛보기, 물건을 만지고 느끼는 것, 손의 움직임과 눈의 움직임과 마찬가지로 훈련하지 않으면 언어도 빨리 익힐 수 없습니다.

* 우리의 뇌는 장소에 따라 다른 활동을 합니다. 언어를 담당하는 곳과 걷기를 담당하는 곳이 다릅니다. 뇌는 분업을 하는 것이죠. 어느 한쪽이 움직이고 있을 때 다른 쪽의 움직임은 억제되는 것이 아니라 쓰지 않을 뿐입니다. 그러니 두 장소를 동시에 활동하게 하는 것도 가능합니다.

⑦ 안아서 재운 아기를 침대에 내려놓는 다섯 가지 비결
—— 역설수면(렘수면) 응용

안고 있을 때나 업고 있을 때 아기가 잠들어버리는 경우가 있습니다.

아기가 잠들면 굉장히 무겁게 느껴지지요. 근육에서 힘이 빠져나가 축 늘어지고 부자연스러운 자세를 하고 있는 것을 보면 침대 위에서 자는 것이 편할 텐데, 하는 생각이 듭니다.

그런 자세여도 아기는 잘 자지만 침대에 가만히 내려놓으려고 하면 틈을 놓치지 않고 울기 시작하거나 몸을 움직이며 깨어나선 잠이 부족하다고 울지요. 다시 안아 올립니다. 이런 일을 두 번 정도 반복하면 아기는 완전히 잠에서 깨어나 버리지요.

손발을 움찔거리며 눈꺼풀도 떨릴 때는 '숙면' 상태

저도 큰 아이를 키울 때 이런 실패를 몇 번이나 맛보았습니다.

그러던 어느 날, 도저히 안고 있을 수가 없어서 곧 깰 듯 손도 꼼질꼼질 움직이고 눈썹도 달싹거리는 아기를 일어날 테면 일어나라는 심정으로 무심하게 침대 위에 휙 올려놓았더니 그 자세 그대로 계속 자는 게 아니겠어요?

그날부터 재우는 법 연구가 시작되었습니다. 아들, 조카, 다른 집 아이까지 좋은 의미의 실험재료로 삼았지요(웃음).

그러자 **절대 깨지 않지 않도록 재우는 법**이 있다는 것을 알게 되었습니다.

몇 년 후 남편인 구보타 기소가 학문적으로 입증해주었는데요, 그때는 이미 장남의 나이가 열 살이 넘은 후였습니다. **손이나 얼굴을 꼼질꼼질 움직이고 눈동자가 움직이고 있는 것이 눈꺼풀 너머로 보일 때가 깊은 수면(=역설수면〈렘수면〉) 상태**인 것을 알게 된 것입니다.

언제 침대에 내려놓으면 깨는 걸까요?

① 조용한 숨소리, 규칙적인 깊은 호흡

몸을 둥글게 만 상태에서 침대에 내려놓자

② 축 늘어져서 움직이지 않는 팔다리

③ 평화로운 얼굴

이 중 하나라도 보일 때 침대에 눕히면 바로 일어납니다.

이 세 가지 현상이 보이지 않을 때가 침대에 눕힐 적기입니다.

이때는 설령 좀 깨었다 해도 다시 자기 시작합니다.

침대에 눕힐 때는 다섯 가지 비결이 있습니다.

① 내려놓을 때는 아기의 몸을 움츠리게 하듯 등을 굽히고 팔다리도 천천히 굽힌다.

② 아기의 손을 가슴팍에서 겹치고, 마치 뱃속에 있을 때처럼 다리와 허리도 둥글게 만다.

③ 둥글게 말린 등을 먼저 침대에 대고 베개 등으로 머리를 받친 후, 상반신을 받치고 있던 한 손을 빼고 그 손으로 가슴팍에 모인 아기의 손을 살짝 누른다.

④ 다리는 펴주지 말고, 하반신을 받치고 있던 손을 빼서 조용하고 신속하게 이불이나 타월로 허리 아래를 덮어서 엄마의 체온이 빠져나가지 않게 한다.

⑤ 가슴을 누르고 있던 힘을 살살 빼서 이불을 덮어준다

눈꺼풀이 떨리고 있는 역설수면 (렘수면) 상태라 면 성공한다

때때로 팔다리를 크게 움찔거리기도 하지만, 놀라지 말고 한 번 더 가슴 부근을 덮어주는 느낌으로 안고 있을 때와 같은 압 력을 주었다가 다시 서서히 몸을 뗍시다.

아무리 월령이 낮아도 자는 자세가 불편하면 자기 나름대로 자 세를 바꾸는 법입니다.

주의할 것은 깊이 잠든 것 같아 보일 때는 내려놓지 않아야 한 다는 것입니다. 잘 자는 것처럼 보일 때가 실은 얕게 잠든 겁니다.

눈꺼풀을 꿈질꿈질 움직이고 있을 때 실행하세요. 틀림없이 성 공할 거예요.

* 역설수면 상태일 때는 강한 자극을 주지 않는 이상 깨어나지 않습니다. 뇌는 깨어 있고 몸이 자고 있는 거지요.

이때 성인은 꿈을 꿉니다. 눈동자가 뒤룩뒤룩 움직이고 손이나 눈꺼풀이 꿈질 거리며 호흡 리듬이 불규칙하지요.

역설수면은 '렘수면'이라고도 합니다. 렘이란 '안구가 갑자기 움직인다'란 뜻의 영어 약자이지요.

역설수면이 발견된 것은 1957년이고, 역설수면이 깊은 잠이라는 것이 밝혀진 것은 1961년입니다.

8 울 때가 일할 찬스다
── 합리적인 육아란

"와앙, 와앙." 하고 일정한 리듬으로 울고 있을 때는 아무리 큰 소리로 운다 해도 그냥 둡시다.

이미 이 무렵이 되면 무슨 문제가 있어서 울 때는 울음소리(아픔, 무서움, 놀람)로 알 수 있을 거예요.

제2기(목 가누는 시기)까지는 울면 일단 원인을 신속하게 제거하는 것이 중요하지만, **제3기(앉는 시기)부터는 경우에 따라 울게 내버려둡니다.**

자기가 한 행동으로 인해 가벼운 아픔을 느끼고 울거나 하는데요, 큰 상처가 아닌 이상 대수롭지 않은 것은 바로 대응해주지 않아도 괜찮습니다.

물론 아직 울음소리를 구별할 수 없다면 원인을 찾는 것이 먼저지요.

어떤 울음소리인지 주의하며 일을 합시다. 그러면서 두 손을 모두 써야 하는 집안일을 잽싸게 해치우는 거예요. 손이 더러워

울면서 위험한 짓은
못한다

지는 일도 할 수 있지요.

아기는 울면서 다른 일은 못하는 법입니다.

자기 울음소리를 듣고 더 흥분해서 울고 있는 것처럼 들릴 때도 있지요.

있는 힘껏 큰 소리로 우는 건 꼭 기분 니쁠 때만은 아닙니다.

매일 기분 좋게, 적당히 자극이 되는 운동을 하며 즐겁게 시간을 보내는 아기는 잘 징징거리지 않습니다. 그런 아기는 울고 싶으니까 우는 것처럼 울지요. 또 아무리 큰 소리로 울어도 이 무렵에는 15분 이상 계속 울 수 있는 체력이 없습니다. 그러니까 10분 정도면 끝나는 일을 재빨리 끝냅시다.

울고 있을 때는 아기를 계속 보지 않아도 괜찮습니다.

아기가 어떻게 우는지만 체크하면 되지요. 목이 좀 쉬기 시작해서 리듬이 흐트러졌다면 마실 것을 준비하고 울음이 그치길 기다려봅니다.

곧 그칠 것처럼 "히끅, 히끅." 하기 시작하면 아기의 뺨과 입가에 입술을 살짝 대보고, 입술에 반응을 하면 다정하게 말을 걸어줍니다. "이제 그만 울자." 하고요.

울음을 그칠 듯 훌쩍거리기 시작하면 부드럽게 말을 걸어주자

완전히 울음을 그치고 엄마의 얼굴을 똑바로 본다면 좋아하는 음료를 줍니다. 다시 울기 시작한다면 그대로 내버려두고 하던 일로 돌아가세요.

울고 있는 동안에 엄마는 상대해주지 않는다, 끝도 없이 울어봤자 손해다, 라는 것을 알게 되면 길게 울지 않게 됩니다.

다만 울다 지치면 자려니 하는 안이한 생각으로 울리지는 마세요. 별 이유도 없이 울었는데 엄마가 오냐오냐 달래주면 '울면 누가 와서 신경 써주나 보다'라고 느끼고, 지루하거나 심심할 때, 불안할 때 참지 못하고 일단 울면 된다는 식으로 처음부터 울기 시작합니다.

돌도 안 된 막 태어난 아기라고 가볍게 보고, 울었을 때 잘못 대처하면 울고 있는 동안 시간이 흘러버려서 사태를 해결할 적절한 때를 놓치고 맙니다.

울면 불쌍하다는
생각만 하고 있어
서는 안 된다

⑨ 운다고 반드시 안아줘야 하는 것은 아니다
—— 울음의 종류를 파악하자

언제나 기분 좋게 놀고 있던 아기가 갑자기 움직임을 멈췄을 때는 주의해야 합니다. 다음 순간 무슨 짓을 저지를지 알 수 없거든요.

새로운 지혜가 생긴 아기는 생각지도 못한 표정이나 행동을 합니다. 아기의 발달을 일찍 알아채고 좀 더 제대로 지능을 개발하고자 한다면, **혼자서 조용히 기분 좋게 보내고 있는 때야말로 눈을 떼면 안 되는 순간**입니다.

원인 없이 큰 소리로 울 때나 원인을 확실히 알고서 울릴 때는 그냥 두면 됩니다.

우는 것이 싫음의 표현이라고 생각하고, 울면 가여우니까 얼른 달래주기 마련이지요. 하지만 아기란 별 이유도 없이 울 때도 있는 법입니다.

아기가 30분이고 40분이고 계속 울 때 잘 관찰하면, 가끔 쉬기도 하고, 또, 참지 못하게 된 엄마가 말을 걸거나 안아주거나 하고 있었습니다.

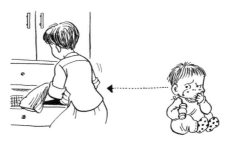

울어봤자 아무것도 해주지 않는다는 사실을 가르치자

한 번 진정되면 일단 휴식을 취해서 체력을 회복하고 다시 웁니다. 이럴 때는 방치해두세요. 체력이 있는 아기라면 중간중간 쉬면서 한 시간은 거뜬히 울 테니까요.

아는 사람의 아기 중에 이제 막 잡고 서기 시작한 토실토실한 아이가 있었습니다. 안아버릇, 업어버릇해서 어른의 몸 어딘가에 자기 몸이 닿아 있지 않으면 부루퉁해지는 아이였어요.

"매번 안아달라는 걸 어떻게 하면 좋을까요?" 하는 고민 상담을 받았습니다.

"아기 울음소리에 조종당하니까 안 되는 거예요." 하고 엄마와 할머니를 아침부터 집 밖으로 내보내고 절대 저녁 다섯 시 전에는 돌아오지 말라고 일러둔 후 아기를 맡았습니다.

이 아기는 중간중간 쉬면서 우는 유형이었습니다. 몇 시간이고 우는 것 같았지만 사실은 20분도 연속으로 울지 않았지요.

그래서 울음소리를 죽이고 쉬고 싶어 하는 것 같으면, 몸을 건드리거나 땀을 닦아주거나 부채로 바람을 보내주며 계속 울렸습니다.

이름을 다정하게 불러줬지만, 울음을 그치지 않는 한 말없이

아기는 엄마가 무엇에 약하고 어떻게 하면 단호해지지 못하는지 알고 있다

안아주지도 달래주지도 않으며 기저귀도 사무적으로 슥삭 갈아 줬지요.

쉬지 못하고 울던 아기도 점점 울기가 힘들어져서 몇 번인가 이름을 불러주는 것에 반응하며 울음소리를 낮췄습니다. 그러다 가 이름 불러주는 것 이상을 기대하며 울음을 그쳤지요. 그때는 부드럽게 땀을 닦아주고 마실 것을 주었습니다. 기저귀 체조를 시켜주고 C섬유 커레스계를 자극하기 위해 안아주었지요.

혼자 놀리려고 바닥에 내려두자 다시 울기 시작했습니다. 같은 행동을 몇 번 반복하자 울고 있으면 아무래도 안아주지 않는다 는 것을 깨달은 듯했습니다. 엄마가 돌아왔을 때는 기분 좋게 놀 고 있었지요.

울어봤자 아무것도 나오지 않는다, 울면 원하는 것을 얻을 수 없다는 것을 아기가 알게 되면 우는 버릇은 간단히 고쳐집니다.

앞으로도 아기가 울어서 놀라는 일은 늘어나겠지만, 울음의 종류를 아는 것이 먼저입니다. **아기는 엄마의 약한 마음을 직관 적으로 아는 좋은 두뇌를 가지고 있으니까요.**

아기가 밤에 울기
시작했다면 당황
하지 말고 원인을
찾아보자

⑩ 밤에 우는 버릇은 사흘 안에 고치자
—— 옆집에겐 미안하지만

밤에 깨서 울거나 가짜로 울기, 안아줘야 자기, 깨고 나서 짜증 부리기 등은 하루 이틀은 괜찮지만 사흘째가 되면 다음 날에는 절대로 그러지 못하게 대책을 세워야 합니다.

바람직하지 못한 습관은 하루라도 빨리 없애주세요.

무언가를 가르치기 위해 어떤 자극을 반복해서 줘도 아기는 좀처럼 기억하지 못하지만, 아기 스스로 한 행동은 세 번만 반복해도 기억합니다. 그러니까 엄마의 육아를 힘들게 하고 아기를 위해서도 좋지 않다고 판단되는 행동은 버릇이 되지 않도록 해야 합니다.

밤에 깨서 우는 것이 버릇이 되면 안 되겠다는 생각이 들었다면 아기가 울 때 당황하지 말고 첫날은 그냥 그대로 울리세요.

그리고 그 전날 평소와 다른 일은 하지는 않았나 생각해봅시다. 식사의 내용, 외출 시 상태, 낮잠의 길이, 몸의 상태(이가 남, 변비 등)를 빠짐없이 생각해내세요.

다음 날에도 운다면, 어제의 생활 조건과 같은 점, 다른 점을

밤에 아기가 운다고 옆집에서 항의가 들어와도 너무 신경 쓰지 말자

찾아보고 원인이 될 만한 일이 없었나 살펴봅니다. 있었다면 아침부터 원인으로 보이는 조건을 제거합니다.

그 다음 날 아기가 또 운다면 이번에는 엄마가 수면이 부족해 짜증이 나고 컨디션도 나빠져서 냉정하게 원인을 규명할 수 없습니다.

3일 연속으로 울 때는 그때까지 엄마가 생각해본 원인과 아기의 생활 리듬을 의사에게 이야기하고 상담하세요.

엄마는 **느긋한 기분으로 아이를 교육하며 길러야합니다. 아기에게 바람직하는 못한 행동은 버릇이 되지 않도록 키워야 하지요. 앞으로 어떤 환경에도 적응할 줄 알아야** 하니까요.

밤에 깨어 우는 게 왜 문제냐 하면, 엄마의 생활 리듬이 깨질 뿐 아니라 조용히 자야 할 시간에 이웃에 폐를 끼치기 때문입니다.

하지만 아기는 자기 알 바 아니라는 듯 울지요.

폭주족의 소음이나 주정뱅이의 소란에는 아무 말도 못하면서 아기가 밤중에 울면 한마디 하러 오는 사람이 있을지도 모릅니다.

엄마는 낮에 울었을 때와 마찬가지로 당당하게 대처하세요.

한소리 들어도 신경 쓸 필요 없어요.

그 대신 나쁜 습관이 붙지 않도록 노력하세요. **주변을 신경 써서 울음을 그치게 하는 게 아니라, 어른들 사회에 맞는 리듬을 길러주는 겁니다.**

미국에서 살 때, 생후 4개월 된 둘째 아들이 갑자기 밤에 울기 시작했어요.

안고 흔들어도, 분유 같은 마실 것을 주어도 더 큰 목소리로 한 시간 가까이 울었습니다.

다음 날도 같은 시간에 비슷한 방식으로 울었지요.

예전에 밤늦게까지 큰아들 소리가 들린다며 빨리 재우라고 불평을 해왔던 옆집 할머니(살고 있던 아파트 옆 작은 집에 살던 의사 미망인과 친구였습니다)에게 사과해야겠다는 생각이 들어서 익숙하지 않은 영어로 더듬거리며 밤에 둘째가 운 것을 사과하러 간 적이 있습니다.

그때 할머니는 **"아기란 우는 게 자연스러운 거야. 어른은 참아야 할 의무가 있어"**라며 기운을 북돋아 주었습니다. "Don't worry(신경 쓰지 마)"라고 몇 번이고 말해주었지요.

아기가 엄마 등의
곡선에 자신의 몸
을 잘 맞출 수 있
게 가르치자

미국에 오자마자 살기 시작한 아파트였어요. 미국에 함께 온 당시 네 살이던 큰아들이 밤 열한 시에 소리를 지르며 놀았을 때는 주의를 들었기 때문에 까다로운 노인네라고만 생각했는데, 그 사람의 진심을 알게 되고는 감격했지요.

⑪ 맨손으로 업어서 아기의 운동감각을 기르자
── 필요하다면 도우미를

주로 아기띠로 안아 키우는 시대이지만, 아기가 등에 업히는 것을 힘들어하는 건 아닙니다. 다만 포대기를 두르는 법이나 묶는 법이 아기에게 맞지 않으면 힘들어 보이지요.

원래는 포대기를 쓰지 않고 원숭이 아기처럼 아기가 알아서 엄마의 몸을 휘감아주면 좋은데, 사람 아기는 손의 힘이 약해서 엄마 옷에도 붙어 있지 못해요.

처음에는 엄마가 허리를 숙이고 엎드린 자세와 가깝게 해서 아기를 등 위에 태우세요. 그러면 아기가 엄마의 등에 몸을 감습니다. '엄마 거북 위의 아기 거북'처럼 아기를 등 위에 올립니다. 그

런 후 아기 엉덩이 위쪽에 손을 대고 서서히 상체를 일으킵니다.

안정감을 잃고 떨어질까봐 아기가 몸을 붙여온다면 업기에 성공한 것입니다. 포대기를 쓰는 경우라도 세게 매지 않고 안정을 유지할 수 있지요. 바로 이 순간부터 업기가 가능해진 겁니다.

만약 아기가 몸을 자꾸 둥글게 말며 엄마 몸에서 떨어지려고 한다면 아직 업을 수 없는 것입니다.

이런 때는 아기의 등과 엉덩이를 폭넓은 천으로 덮고 엄마의 유방 위에서 끈을 묶습니다.

아직 업힐 줄 모르는 아기를 전통식 포대기(일본 **전통식 포대기** 는 아기를 감싸는 천에 달린 끈을 어깨로 넘겨서 가슴 부근에서 X 자로 묶는다:역자 주)로 업으면 아기가 몸을 둥글게 움츠리며 포대기 밖으로 손을 빼는 바람에 엄마의 목이 졸리게 됩니다.

등에 아기를 태우고 천천히 걸어다니며 조금씩 등을 폅니다. 아기가 엄마 몸에 달라붙는지를 확인하며 몸을 숙인 각도를 조금씩 넓힙니다. 예상치 못한 움직임에 아기를 떨어뜨리지 않도록 주의하세요.

만약 엄마 혼자 하기 불안하다면 아빠나 다른 사람을 도우미

아기를 업으면 위험물에서 보호하기 좋다

로 불러서 아기의 등 뒤를 가볍게 받쳐달라고 하세요. 미끄러져 떨어질 것 같을 때는 받아달라고 하고요.

아기에게 엄마의 등 모양에 잘 맞추는 법을 알려줍시다.

또, 엄마도 아기의 체중에 맞춰 얼마나 몸을 앞으로 숙여야 아기가 살 밀착하는지, **엄마에게 편한 각도**는 이느 정도인지 알아야 합니다.

업는 동안에는 몸을 세우거나 젖힐 수 없다는 걸 각오해야 합니다. 포대기 없이 업을 수 있을 때까지는 말이죠.

익숙하지 않은 엄마가 익숙하지 않은 아기를 업으면 어색하고 금방 지칠지도 모릅니다. 업고서 다른 일을 하려고 하지 말고 일종의 운동이라고 생각하고 연습하세요.

⑫ 포대기로 업기는 여러 가지 좋은 점이 있다
—— 아기를 지켜주는 포대기

아기에게 업히는 법을 알려주기 위해서 업고 있는 사이, 아기와 엄마 모두 익숙해져서 아기가 엄마를 감싸 안게 되었다면 포

**아기의 기분이
안 좋을 때도
업어주자**

대기를 하고 걸어다녀 보세요.

아기를 등에 업으면 엄마는 손이 자유로우니까 일도 할 수 있고 편하죠. 하지만 그런 이유로 업기를 권장하는 것은 아닙니다.

제 경우에는 유리 같은 것을 깨뜨려서 사방에 떨어진 위험한 조각을 치우려는데, 아기에게 눈을 떼고 있기엔 시간이 너무 걸릴 것 같았을 때 아기를 업었습니다.

또, 아기에게도 보여주며 일을 하고 싶을 때, 빨래를 널 때, 정원을 청소할 때, 외출할 때, 아기에게 신경 쓰고 있으면 일을 할 수 없을 때도 업었습니다.

아기가 고열이 나거나 몸 상태가 별로 안 좋을 때도 업습니다. 가만히 누워 있으면 금방 좋아지는데 칭얼거리며 좀처럼 자지 않을 때면 아기는 계속 엄마가 지켜줬으면 좋겠고 혼자 있으면 불안한 겁니다. 엄마 등에 업혀 있으면 아기는 안심하고 쉴 수 있지요.

아기가 설사를 할 때는 식사 제한을 하니까 다른 사람이 식사하는 모습을 보면 식욕이 동해서 울기도 하고, 괜히 더 배고파하니까 불쌍하지요.

그런 때는 업고서 식사하는 모습이 보이지 않도록 해줍니다.

또, 엄마가 아기에게 보이지 않게 선 채로 식사하는 경우도 있

주위에 사람이 많을 때는 업는 것이 위험할 수도 있다

습니다. 아기가 끼니 때 자준다는 보장이 없거든요. 배고픈 아기는 평소보다 더 보채는 법이니까요.

아기가 업히기 좋아한다면 이런 때 편합니다.

엄마 등에서 어떻게 해야 편한 자세를 취할 수 있을지 아기에게도 기억시켜줄 필요가 있습니다.

안고서 말을 걸거나 걸어다니고, 또 노래에 맞춰 뛰듯 걸어보면서 업히기 좋아하는 아기로 키워봅시다.

저는 **업고 걷는 시간을 이용해 리듬감을 길러주고 단어를 알려주었습니다. 업기가 쉬워지면 자꾸 업게 되지요.**

하지만 너무 자주 업으면 아기는 엄마의 등만 보거나 엄마의 귀밑머리만 보기 쉬운데요, 그렇게 두지 마세요.

또, 사람이 북적이는 곳에서 업으면 위험하니 주의해야 합니다.

잘 잤니?

13 말을 가르칠 때는 '정해진 말'을 반드시 넣자
— '반복자극'이 판단력을 길러준다

오늘 아침 아기가 눈을 떴을 때 어떤 말을 걸었나요? "잘 잤니?"였나요? 어제 아침은 어땠지요?

매일 같은 말로 아침 인사를 건네고 있습니까? 어떤 날은 하지 않고, 또 어떤 날은 "벌써 일어났니?" "잠도 잘 자고 착한 아기네"인 것은 아닌가요?

아기가 스스로도 의미 있는 말을 하기 시작할 무렵부터는 주의해야 할 일이 있습니다.

일방적으로 엄마가 말을 걸기만 할 때는 다양한 소리를 우선 들려주는 것이 목적이었습니다. 아기의 발성을 위해 말을 걸었던 것은 아니었지요.

큰 소리나 소음에도 익숙해지고 소리를 구별해서 들을 수 있게 될 무렵(제2기 말기)부터는 **아기의 말문을 빨리 트이게 하기 위해 말을 걸기 시작**하는 겁니다.

자기 감정을 분명하고 정확하게 말로 표현할 수 있게 되는 게

"잘 잤니?"에 이어서
"기분은 어때?" 같은
말도 붙여보자

아기도 생활하기 편하지요. 같은 연령일 때 "싫어"보다 "아파." "어디가?" "배가"라는 식으로 말할 수 있다면, "싫어, 싫어." 하고 울기만 하는 아기보다 훨씬 빨리 불쾌함을 없애줄 수 있습니다. 어떤 아기든 "싫어"라고 거부하는 것은 일찍 가능하지만, 그 내용을 표현하는 것은 어려운 일입니다. 많은 단어를 알아야 하고, 또 단어만 안다고 되는 것도 아닙니다.

아침에 일어나서 처음 거는 말을 하나 정해 언제나 같은 말로 인사를 건넵시다. 먼저 정해놓은 말을 하고 나서 때에 따라 다른 다양한 말을 덧붙이세요. "잘 잤어?"라고 정했다면 "잘 잤어? 오늘은 날씨가 좋네." "잘 잤어? 잘 잔 것 같네." "잘 잤어? 기분은 어때?" 하는 식으로 말이죠.

또, 개를 가리키며 "멍멍이"나 "메리"란 식으로 말하지 마세요. 개가 짖으면 그 소리를 흉내 내서 "멍멍" "컹컹" 하고 말해주세요. 개란 것은 멍멍 하고 짖기도 하다가 컹컹 하고 짖기도 하므로, 언제나 멍멍만 하는 건 아니란 것을 알려주세요.

단어는 분명하고 정확하게 발음해줍니다.

식사 때도 "계란이야." 하고 말하며 먹이세요. "계란프라이야."

개의 울음소리
를 흉내 내준다

"스크램블이야"라고는 말하지 않습니다. 계란 요리의 종류는 아기가 알아서 자기 머릿속에 넣습니다. '계란이란 건 여러 가지가 있구나. 하지만 맛이나 색은 비슷하네.' 하고 아기가 생각해서 분류해가지요.

이 무렵부터 **아기가 스스로 판단할 수 있는 힘을 길러주는 '조력육아'**가 시작되는 겁니다. 다양한 말 가운데서 정해진 늘 같은 말을 알아채고 제대로 발음할 수 있게 되면, 아기는 갑자기 말할 수 있게 됩니다.

두 아들은 모두 단어만 흉내 내어 말하던 시기가 지나자 매일 새로운 말을 하기 시작했습니다. 돌도 안 된 아기가 "신발이 없어." 하고 울거나 "Give me more." 하고 말하니 주위 사람들로부터 어지간히 아기를 들들 볶는 열성 엄마라고 비난받았지요.

하지만 문장을 가르친 적은 한 번도 없었습니다.

---

* 같은 자극을 반복해서 줌으로써 신경회로가 활발히 활동하게 됩니다.

14 외출복과 놀이복은 따로따로
── 습관의 힘

앉을 수 있게 되면 산책 시간도 길어졌을 거예요. 모래밭에서 혼자 놀게 해봅시다.

이때는 어떤 복장이 좋을까요? 여름이어도 제 아들은 얇은 긴 팔, 긴 바지에 모자 차림이었습니다. 그 때문에 밑위가 긴 바지를 준비했지요. 겨울에는 손뜨개질한 순모 잠방이 차림이었습니다.

어른에게는 시원하게 느껴지는 바람도 아기 피부에는 좋지 않습니다. 피부를 노출하고 있으면 바람이 흘린 땀을 증발시키고 염분은 피부에 남으니까 땀띠가 생기기 쉽습니다. 또 벌레에 잘 물리고, 작은 쓸린 상처, 긁힌 상처도 쉽게 나지요.

또, **외출 시에는 정해진 옷을 입는 습관**을 길러주면 이 옷을 입으면 밖에서 놀 수 있다는 것을 아기도 알게 됩니다. 이 옷을 입지 않고 외출하면 놀지 못하는 것도 동시에 기억하게 되지요.

볼 일을 보러 아이를 데리고 나갔다가 돌아올 때도 **'오늘 하루 바깥 놀이 예정이 끝났다'고 생각해선 안 됩니다.** 아이에게 놀 수 있는 외출은 아직 끝나지 않았거든요.

목적에 맞는 옷을 입혀서, 놀기 위한 외출과 그렇지 않은 외출을 구분시킨다

저는 일을 보러 나갔다 돌아올 때도 아이가 자고 있지 않으면 바로 놀이복으로 갈아입혀서 밖에서 놀게 했습니다. 아기는 목이 마르기도 해서, 바깥 놀이에 별로 흥미를 보이지 않고 곧 그만 놀지요.

어쨌든 평소보다 노는 시간이 짧은 것이 보통입니다. 이렇게 해야 아기의 입장에서도 놀기 위한 외출이 끝나는 것이죠.

다양한 습관을 만들어서 자극을 주고 있다면 아기의 하루 생활 방식도 어느 정도 정해져 있을 테고, 하루치 육아를 완료하기 위해서는 엄마가 상당히 힘을 기울여야 하는 부분도 많습니다.

하지만 아기를 위해 들이는 시간도 연령과 함께 점점 줄어들어, **초등학교에 들어갈 때는 의식주만 감독하면 될 수 있게 최소한으로 줄어드는 것이 이상적인 아이로 키우는 길입니다.**

제 4 기

[잡고 서는 시기]

― 5개월 반부터 8개월까지 ―

이제 기어서 집안을
탐험할 시기예요

● **하루 빨리 기어다니게 하려면–움직임을 멈추는 학습**

제4기(잡고 서는 시기, 5개월 반부터 8개월)의 아기는 아직 자신의 신체를 이동시킬 수 없습니다.

하지만 수변에 있는 물건을 자기 쪽으로 가지고 올 수는 있지요. 물건을 발견하고 손으로 잡을 수는 있으니까요.

팔과 다리를 왕성하게 움직이게 되면 이윽고 엎드린 자세에서 바로 누운 자세로, 또, 바로 누운 자세에서 엎드린 자세로 몸의 위치를 바꾸는 법을 배우는 시기입니다.

이 시기의 목표는 '기어다니기'를 가르쳐서 하루 빨리 땅 위를 네 발로 이동할 수 있게 하는 것입니다.

아기가 이동하는 목적은 멀리 있는 것을 직접 만져보고 호기심을 충족시키는 것에 있으니까 손의 활동을 한층 더 강화시킬 필요가 있습니다.

사실 이 시기가 되면 아기는 엄마가 손을 빌려주지 않아도 스스로 손을 사용해 뒤집다가 팔다리로 몸을 지탱하고 기어다닐 수 있게 됩니다. 하지만 그것만으로는 뇌를 충분히 썼다고 할 수 없습니다. 아기가 하루라도 빨리 기어 돌아다닐 수 있도록 엄마가 도와야 합니다.

혼자 기어다닐 수 있게 되면 위험이 늘어납니다. 이때는 새로운 두 가지 행동을 할 수 있어야 합니다.

엄마가 "안 돼." 하고 말하면 움직임을 멈추는 것 그리고 자기 스스로 움직임을 멈추는 것을 학습해야 하지요.

하면 안 되는 것을 아기가 하려고 하면 "안 돼." 하고 큰 소리로 말하고 모든 움직임을 정지시킵니다. 멈추면 칭찬해주고 C섬유 커레스계 시스템을 활성화시켜 기분 좋게 만들어줍니다.

금지 명령어를 학습시키는 거예요.

앞서 모든 운동과 행동은 전두전야가 활동하며 시작된다고 말했는데요, 운동과 행동을 정지시키는 지령도 전두전야의 담당입니다.

제4기(잡고 서는 시기)에는 멈추기를 배워야 합니다. 무언가를 보거나 들었다면 움직임을 멈추는 것을 배워야 하는 거지요.

이것이 교육과 훈련이며 아기의 입장에서 보면 학습이고 공부입니다.

● **낯가리기**–이론만으로는 설명할 수 없는 아이와 엄마의 끈끈한 애정

이 시기가 시작될 무렵의 아기는 보통 기분이 좋은 상태이지만 점점 상대를 구별하기 시작해서 곧 '낯가림'을 하게 됩니다.

자신을 귀여워해주는 사람과 아닌 사람을 구별해서 귀여워해주는 사람이 앞에 있으면 웃지만 그렇지 않은 사람, 타인에게는 웃기는커녕 불쾌한 감정을 드러냅니다.

이 행동은 자신을 키워주는 사람에게 고착하려는 행위로, 엄마와 아이의 연대감을 만들 때 중요합니다. 빨리 배우는 편이 바람직하지요.

아기는 자신을 지켜주는 사람들 중 한 명인 엄마를 특히 따르고 엄마에게만 잘 웃게 됩니다.

엄마 역시 특별히 더 사랑스럽다는 감정을 갖게 되는 것이 낯을 가리는 시기이기도 합니다.

이러한 모자관계가 성립하면 확고해진 엄마와 아이의 애정관계는 평생 이어지고 절대 잊을 수 없는 것이 됩니다. 전장에서 죽음을 눈앞에 둔 젊은이가 "어머니"를 부르며 숨을 거두는 이야기를 봐도 엄마와 아이의 관계는 논리를 뛰어넘는다는 것을 알 수 있지요.

이러한 관계의 성립은 언어 발생에 매우 중요합니다. 아기가 타인을 구별하고 그것을 언어를 통해 이해하게 되기 때문이지요.

● 작은 것을 가지고 노는 시기–손동작의 발달

아직 자유롭게 움직일 수 없는 아기가 할 수 있는 것은 눈으로 보고 소리를 듣고 쳐다본 물건을 손에 들고 만지며 그 물건의 성질을 이해하는 것입니다.

이 동작은 제3기(앉는 시기)에 시작됐지만 앞으로는 더 작은 물건을 손으로 가지고 놀 수 있기 때문에(0.5센티미터 정도의 물건도 가능) 외부 세계에 대한 아기의 이해는 더욱 깊고 복잡해집니다.

손의 움직임은 위팔을 쓸 수 있게 되면 더욱 정확해집니다. 손으로 만지작거리거나 떨어뜨리고 던져보았다가 이 손에서 저 손으로 바꿔 들며 그 물건이 가지고 있는 효과를 알고 성질을 한층 더 잘 이해하게 됩니다.

큰 근육을 써서 팔과 다리를 움직이기 시작합니다.

적극적으로 몸을 움직이기 좋아하는 아이로 키우는 열쇠는 움직이는 것이 기분 좋은 일이라고 생각하게 해주는 것입니다.

그를 위해서는 팔다리를 움직였을 때 칭찬해주어야 합니다. 그리고 반복해서 팔다리 운동을 하도록 유도해야 합니다. 칭찬받으면 기분이 좋아지고 기쁜 마음에 계속 반복해서 움직이게 되지요. 칭찬이 보상인 것입니다. 아기가 새롭게 배운 운동 패턴을 즐겁게 반복하도록 도와줍시다.

● **지능**-장난감을 손수건으로 가리면

이 시기에는 아직 문제 해결을 위해 머리를 쓰는 지능의 활동은 없습니다.

예를 들어, 아기에게 장난감을 보여주고 그 위에 손수건 한 장을 덮습니다.

밑에 있는 장난감의 모양을 손수건 너머로 알 수 있으면 아기는 손수건을 치우고 장난감을 잡으려고 합니다. 장난감이 보이기 때문이지요.

  이번에는 손수건 두 장을 덮어서 밑에 있는 장난감의 모양을 알 수 없게 합니다. 그러면 아기는 손수건을 치우지 않습니다. 이 시기의 아기에게는 보이지 않는 것은 존재하지 않는 것입니다.

  한편, 장난감의 일부를 손수건으로 덮으면 아기는 손수건을 손으로 치워서 장난감을 잡습니다.

  보았던 것이 보이지 않게 되어도 그것이 무엇인지 알고 있는 것은 시각인상이 뇌 속에 명확히 남는 제5기(두 발로 걷는 시기)에 들어간 후입니다.

  직업기억의 발달은 아직 미숙합니다.

● **사랑받고 있다는 것을 느끼게 해주자**–단기기억력을
  향상시키는 법

  이 시기도 역시 사랑받고 있다는 것을 아기가 느끼게 해주는 것은 중요합니다. '까꿍 놀이'같은 놀이는 아기와 엄마의 유대감을 길러줍니다. 또, 무언가를 기억하는 일, 단기기억을 길러주는 데도 유효하지요.

이 시기의 장난감은 손으로 잡을 수 있는 5~12센티미터 정도의 물건이 좋습니다. 거울(서서히 흥미를 잃게 됨), 인형, 공 등 다양한 크기의 물건이 바람직합니다. 겹칠 수 있는 물건이나(세 겹으로 쌓을 수 있는 컵) 합체할 수 있는 블록도 좋은 장난감입니다.

이 시기가 끝날 무렵이 되면 아기용 보조 의자는 필수입니다.

엄마가 일을 하고 있을 때 그 옆에 두기 알맞지요. 돌아다니는 아기를 종이 상자 속에 넣어둘 수는 없으니까요.

하지만 너무 오랫동안 의자에 앉아 있게 해서 짜증스럽게 만드는 것도 좋지 않습니다.

구체적으로 어떻게 하면 좋을지 살펴보도록 합시다.

① 앉아서 놀며 힘을 기르자
── 근지속력 발달

아직 고개를 완전히 가눌 수 없는 동안에 뒤집기 훈련을 해온 아기라면, 조금 떠받쳐주기만 해도 앉을 수 있게 됩니다.

이 시기에는 아기를 앉힌 후 **반드시 그대로 옆으로 쓰러뜨려서 눕히는 운동**을 시켜주세요.

그리고 아기가 스스로 발을 움직여서 자유자재로 뒤집기를 하는 모습을 지켜봅시다.

엄마가 아기를 바로 눕혀줄 때는 허리 부근을 살짝 뒤로 밀어주어서 스스로 바로 누운 것처럼 느껴지는 움직임을 유도해주세요. 그런 후 전신을 쭉 펴준 후 안아 올리거나 앉힙니다.

앉아 있으면 점점 상체가 앞으로 고꾸라지지요. 머리를 바닥에 대고 스스로는 어찌할 수 없는 상태가 되기도 합니다. 빨리 알아채지 못하면 목을 다칠 수도 있으니까 앉아 있다가 지치면 옆으로 쓰러지는 연습을 반복해둡시다.

아기가 앉아 있다가 등을 젖히는 것은 제대로 앉아 있을 수 있

앉아 있다가 지쳤을 때는 옆으로 구르듯 쓰러지는 운동을 시킨다

게 된 후의 일입니다. 등을 굽히고 앉아 있는 동안에는 뒤로 뒤집어지지 못합니다. 자연히 앞을 향해 고꾸라지지요. 등을 조금 펼 수 있게 되면 자칫 뒤로 넘어갈 수도 있으니 아기 뒤에 **방석 같은 것을 가져다 대서 바닥에 머리를 강하게 부딪치는 일이 없도록 해둡시다.**

그때를 대비해서라도 **옆으로 굴러서 자세를 바꾸는 방법**이 있음을 알려줄 필요가 있습니다. 뒤로 넘어가는 것보다 옆으로 구르는 편이 당연히 충격이 적지요.

기저귀 체조로 조금씩 근육을 단련시켰다면 손으로 발을 잡고 입에 넣거나, 바로 누워서 팔과 복근, 등근육을 사용해 상체를 젖히고 다리를 들어 올릴 수 있습니다. 마치 스카이다이빙하는 것 같은 자세도 취할 수 있게 됩니다. 앉은 상태에서 고개를 상하좌우로 움직일 수도 있지요.

앉게 되면 앉아서 놀기를 시킵니다. 다리를 조금 벌리게 하고 두 발 사이에 장난감을 놓아주고 놀게 하는 거지요.

우선 고개를 아래로 향하게 해서 물건을 보여줍니다. 이때 등을 약간 눌러주는 느낌으로 쓰다듬어서 가급적 굽어지지 않게

옆으로 쓰러지면 바로 눕기도, 엎드리기도 수월하다

합니다. 처음에는 짧게, 점점 길게 앉힙니다. 끝낼 때는 **반드시 그 자세 그대로 옆으로 쓰러뜨립니다.** 그런 후 등을 펴주며 아기가 스스로 다리를 뻗을 수 있게 유도합니다.

그런 다음에 바로 눕힌 후 아기에게 발을 잡게 합니다. 입가로 가져가서 아기가 자기 발을 입에 넣었다 빼며 놀 수 있게 합니다.

아기는 앉아 있을 때도 자기 발가락을 입에 가져가려고 합니다. 이건 못하게 해주세요.

몸을 깊숙이 접은 채 있으면 힘들기 때문만은 아닙니다. 아기의 시야가 좁고 작아지며, 허리도 발을 잡을 정도로 굽혀야 하지요. 옆으로 누워서 뒹굴거리는 상태로 발가락을 가지고 노는 것이 바람직합니다.

또, 계속 앉은 채 놀아서 한참 동안 등을 앞으로 굽히고 난 후에는 엎드린 상태로 등줄기를 눌러서 몸이 젖혀지게 합시다.

점차 앉아 있어도 상체가 휘청거리지 않고 등을 편 채 손을 움직이며 상체를 약간씩 비틀 수 있게 되면 충분합니다. 아기가 스스로 앉을 수 있게 되고, 피곤해지면 스스로 누울 수도 있게 됩니다.

앉아 있은 후에는 옆으로 굴려서 엎드리게 한 후 몸을 뒤로 젖히게 해주자

* 앉아서 놀기의 목적은 앉을 때 쓰는 근육을 장시간 사용할 수 있게 하기 위해 힘을 길러주는 것입니다. 무리해서 피로가 쌓이지 않게 주의하세요.

② 두 발로 폴짝폴짝 뛰는 놀이를 하자
—— 평형감각 단련

두 발로 뛰기 위해서는 몸을 움직일 때도 평형감각을 유지할 필요가 있습니다.

우선 엄마는 아기의 양팔 밑, 겨드랑이 아래를 양손으로 받치고 아기를 들어 올려서 아기의 발이 바닥에 닿게 합니다.

마주 보아도 되고 아기 뒤에서 해도 좋습니다. 처음에는 마주 보고서, 좀 익숙해지면 뒤에서 하는 게 좋지 않나 싶어요. 어떤 상태든 아기의 키만큼 들어 올린 후에 까치발 자세에서 마치 걷는 것처럼 한발씩 교대로 들었다 내렸다 합니다. 두 발이 모두 바닥에 닿기를 기다렸다가 발이 모이면 양발을 폴짝폴짝 뛰는 것처럼 들어올려서, 마치 **아기가 혼자서 트램펄린 위에서 점프하는 것처럼** 해줍니다.

이때는 반드시 **"와, 높다, 높아!" "날았다, 날았다!"** 등등 즐거워

와, 높다!

날았다!

양 겨드랑이 밑을 잡고 트램펄린을 뛰듯 바닥에서 폴짝폴짝 뛰게 하며 놀아준다

하며 말을 걸어주세요. 높게, 빨리 들어 올렸다가 내린다 해도 아기에게 어느 정도가 적절한지 알 수 없습니다. 오히려 너무 세게 하면 부르르 떨며 싫어합니다.

즐거워하는 목소리는 안심감을 주며 갑자기 몸의 위치가 바뀌었을 때 일어나는 감각(주로 귀의 미로에서 일어나는 평형감각)에도 대담해지게 됩니다.

엄마의 목소리에 맞춰서 아기도 소리를 지르는 동안에는 더 해주길 바라는 겁니다. 무섭지 않은 것이지요. 말이 없어지고 표정 변화도 사라지면 그만둡니다.

다음에는 엄마가 바로 누워서 아기를 양손으로 높이 들어 올렸다가, 속도를 조절하며 가슴 쪽으로 내립니다. 점점 빨리 하거나 살짝 던지면서 아기를 즐겁게 합니다.

이렇게 하면 엄마의 얼굴이 다가오는 것과 자기 얼굴이 상당히 빠른 속도로 다가가는 것의 차이를 감각으로 체득하게 됩니다.

자기가 이동할 수 있는 것보다 빠른 속도로 물체가 다가오는 것과 자기가 다가가는 것의 차이를 알게 되는 것이죠.

거즈 수건으로 얼굴을 덮는 놀이는 물체가 가까이 다가가는 놀

엄마가 하늘을 보고 누워서 양손으로 아기를 높이 들어 올린다

이를 배우는 것이었다면, 이번에는 자신이 크고 빨리 움직이며 물체를 보는 훈련을 하는 것입니다.

이 책에서 소개하는 놀이는 모두 훈련을 겸하고 있습니다. 끝났을 때는 똑바로 눕히거나 엎드리게 해서 두 다리를 당겨주듯 마사지하며 몸을 쓰다듬어서, C섬유 커레스계 시스템을 활성화하며 **"이제 끝났어요. 이번에는 혼자 놀아보자."** 하고 말한 후 아기를 혼자 둡니다.

말을 걸어주고 살을 부대끼며 보내는 시간은 아기에게 '동적인 시간'이니까 '정적인 시간'도 필요한 것이지요.

* 놀이는 즐겁게 무리하지 않는 것이 중요합니다. 평형감각이 예민한 아기는 기계체조를 잘하게 되며 쉽게 넘어지지 않습니다. 설령 넘어진다 해도 다치지 않게 잘 넘어지지요.

③ '움직이지 마'를 가르치자
─── 금지명령어의 효용

"움직이지 마"라고 말했을 때 다리를 움직이지 않고 기저귀를 갈 수 있게 되었다면, '**움직이지 않는다**'란 말의 어조를 강하게 해서 절대 손발을 움직여서는 안 된다는 것을 가르칩시다.

"**뜨거우니까 만지지 마.**" "**위험하니까 가지 마.**" 같이 이유를 들어 **명령해도 아기에게는 의미가 없습니다.** 아기가 스스로의 의지로 팔다리를 움직이게 되면, 자기 의지로 움직임을 멈출 수도 있습니다.

하지만 명령에 따라 움직임을 멈추는 것은 상당히 어려운 일이지요.

일단 엄마는 진지한 자세로 **명령에 따라 움직임을 멈추기를 가르치기 위해 노력**하세요. 명령에 따르게 되는 것도 개인차가 있으니까 여유를 갖고 느긋하게 합시다.

우선 아기는 "움직이지 마"란 말의 의미를 금방 알게 되니까 강한 어조의 "움직이지 마"는 위험에서 몸을 지키는 소중한 말로 사용합시다.

"움직이지 마" "멈춰" 같은 강한 어조의 말로 가르친다

"잠깐 움직이지 말고 있어봐." 같이 혼란스러운 말은 절대 쓰지 않도록 합시다. **"움직이면 안 돼." "움직이지 마." "안 돼." "멈춰."** 등 어감이 강한 말을 들으면 이유가 뭐든 간에 바로 몸의 움직임을 딱 멈춰야 한다는 것을 알려줍니다. 스스로 판단내릴 수 있기 전, 판단 속도가 엄마보다 느릴 동안에는 이 말을 **절대 금지 명령**으로 사용하는 겁니다.

"움직이지 마"라고 말한 후 바로 아기가 저지르려 한 위험 원인을 치워서는 안 됩니다. 계단 위에서 밑을 내려다봤다면 "봐 봐, 여긴 위험해. 떨어져." 하고 말하고 아기 몸을 잡고서 떨어지는 시늉을 해서 아기가 싫어하는 표정을 지으면 그 자리에서 멀어집니다.

다리미에 다가가려고 하면 "안 돼." 하고 말해서 못하게 합니다. 계단이 있으니까, 다리미가 있으니까, 하고 구체적으로 가르치기 전에 우선 **"움직이지 마"를 들으면 바로 멈출 수 있도록 훈련하는 것**입니다.

이렇게 강한 어조로 움직임을 멈추도록 가르치는 동안에 **엄마가 해서는 절대 안 되는 행동**이 있습니다.

다리미는 뜨겁지 않더라도 절대 아기 손이 닿는 곳에 두지 않

계단 위에서 밑을 내려다보고 있으면 아기의 몸을 잡은 상태로 굴러떨어지는 척한다

습니다. 어제 "움직이지 마"라고 해서 가까이 가지 않았는데, 오늘은 차가운 다리미에 손을 댔더니 혼나지 않으면, 이 훈육은 물거품이 되고 아기는 다른 명령도 따르지 않게 됩니다. 그렇게 하면 엄마에 대한 신뢰감이 떨어질 뿐입니다.

* '안 돼'라는 금지명령어는 행위를 멈추게 할 때 유효합니다. 이 시기에 기억하게 합시다.

④ 아기를 위한 '자유동산'을 만들자
── 안전한 운동공간 창조

기어다닐 수 있게 되면 아기의 생활 내용은 풍부해집니다. 반면 엄마는 한시도 눈을 뗄 수 없기 때문에 힘들어지지요.

성장 과정 중 이런 시기가 있는 것은 어쩔 수 없는 일이지요. 가능한 한 위험한 기간을 짧게 하는 것 말고는 피할 길이 없습니다.

이때부터 "하지 마." "안 돼"라고 혼내는 일이 일어나기 시작합니다.

　예상도 못한 일, 생각지도 못한 짓을 하는 것이 아기입니다. 아기는 늘 엄마의 허점을 노리고 있지요. 이제까지는 모든 것이 흥미의 대상이고 모두가 첫 만남이었지만, 점점 아기의 취향이 생기기 시작합니다.

　자유롭게 움직이기 시작하면 엄마는 아기를 안전울타리에 넣거나 업어서 움직임을 제한하지요. **하지만 그래선 안 됩니다.**

　아기는 어떻게 해서 자유를 손에 넣을까 하고 생각하는 두뇌를 이제 막 갖기 시작했습니다. 안전울타리에서 도망 나올 방법만 생각하게 하는 건 아깝지요.

　이 무렵은 혼자 생각하고 그 생각을 기반으로 움직이는 법을 익히는 시기입니다. 또 **집중력을 한층 더 높이는 시기**이기도 하지요.

　아기의 '자유동산'은 넓을수록 좋습니다.

　우선 아기가 혼자 놀 수 있는 방을 준비합니다. 특별히 만든 방이 아니어도 됩니다. **바닥에서부터 아기 키에 팔 길이를 더한 범위(약 1미터)** 안에서 엄마가 생각할 수 있는 모든 위험물을 제거합니다.

　콘센트는 만지지 못하게 해둡니다. 서랍장 위에는 물건을 두지 않습니다.

위험한 물건은 서랍에 집어넣고 이불을 깔아두는 등 안전한 공간을 만들어준다

바닥에 있는 물건은 한데 모아서 장롱이나 안전울타리에 넣어 두세요. 장롱이 좁다면 이불을 꺼내고 넣습니다.

장롱은 아기 힘으로 열 수 없게 해둡니다. 부딪히면 아기가 다칠 것 같은 가구 모서리에는 천테이프를 붙입니다.

생각할 수 있는 모든 위험물을 제거했다 하더라도 생각지 못한 일이 일어날 수 있으니 주의하세요. 엄마가 공들여 정돈한 방이 아기가 깨어 있는 동안에는 '자유동산'입니다.

서랍 손잡이, 텔레비전 리모컨도 이 시기에는 만지지 못하게 합시다. 금지하기보다는 **만질 수 없게 조치를 취해두세요.**

자신의 몸을 마음먹은대로 쓸 수 없을 때니까 모든 일상품을 만지며 배울 필요는 없습니다. 그 대신 **잘 행동할 수 있게 도와주는 것**이 중요하지요.

예를 들어, 아기가 무언가 잡으려고 할 때는 잡고 싶은 것 훨씬 앞에서 이미 잡으려고 손가락을 움직입니다. 마치 물건을 부르는 것처럼요. 몸을 움직일 수 없다면 몸 자체를 가까이 해준 후 손을 뻗게 해서 잡고 싶은 것 위에서 손가락을 움직이게 하는 것도 하나의 훈련입니다.

위험이 적은 물
건을 통해 바르
게 손가락 쓰는
법을 가르친다

엄마가 혹시 가까이 있어서 함께 할 수 있다면 바르게 쥐었는
지 확인하세요.

이 무렵에는 **위험한 것을 만져가며 손이나 손가락의 움직임을
배울 필요는 없습니다.**

뭐든 교재가 되지만 우선은 **위험이 적은 물건을 통해 바르게
손가락 쓰는 법**을 알게 합니다.

종합적으로 판단할 수 있게 되면, 손과 손가락을 바르게 움직
일 수 있는 아이는 '자유동산'에서 할 수 있는 행위가 비약적으
로 확장되고 실패하는 일은 적어집니다.

> * 다치는 등 사고가 일어나지 않는 것이 중요합니다.

⑤ 잘 놀면 집중력과 사고력이 자라난다
── 엄마가 교육자로서 할 수 있는 것

장난감 매장에 가면 아기가 없는 엄마조차도 사고 싶어질 정도
로 예쁘고 귀여운 장난감이 즐비해 있습니다.

하지만 단 한 명의 아기를 위한 장난감을 사려고 찾으면 좀처

냄비나 컵처럼 안전한 일상용품이 가장 좋은 놀이도구가 된다

럼 눈에 들어오지 않지요. 움직이기 훈련을 하기 위한 장난감을 찾겠다고 생각하면 적절한 것은 하나도 없고, 시간을 들여 찾는다 해도 나타나리라는 보장도 없습니다.

장난감 매장에 갔다가 아기 장난감이라는 것은 아기 엄마가 사는 게 아니라 남의 아기에게 주는 선물용이라는 생각에 쓴웃음을 짓고 돌아온 적이 몇 번이나 있습니다.

반면 생활 속에는 적절한 장난감이 다양하게 존재합니다. 약간 손을 보면 아기에게 딱 맞는 장난감을 간단히 얻을 수 있지요. 아이디어를 내서 꼭 만들어보세요.

장난감 말고도 진짜 생활용품을 같이 주세요. 냄비, 컵, 수저(소꿉놀이용이 아닌 것), 작은 페트병, 단추 달린 옷 등. 다만 부서지거나 깨진 것, 부품이 떨어지면 위험한 것은 혼자 놀기용으로는 주지 않습니다.

제4기(잡고 서는 시기)의 아기는 곧잘 종이를 찢으며 노는 걸 좋아하지요.

이럴 때 쓸모없어진 주간지를 그대로 주면 안 됩니다.

주간지는 스테이플러 철심을 뽑아내고 낱장으로 줍니다. 색색

잡지는 스테이플러 철심을 뽑아내고 낱장으로 준다

의 포장지, 광고지를 줘서 신나게 놀게 합시다. 필요 없어진 책이나 잡지라도 형태가 있는 것을 찢기 시작하면 압수해서 "다른 걸로 놀아"라고 말하며 다른 종이를 주세요. 이렇게 해서 **부모의 허가가 어떤 의미인지 깨닫게 해야** 합니다.

그러나 "안 돼"라고 말하고 거둬들이고 나서 놀이를 중단시켜서는 안 됩니다.

다른 것, 더 흥미를 가질 법한 것으로 바꿔줍니다. 때로는 큰 포장지를 꺼내서 엄마가 "여기 봐, 이게 더 재미있을 것 같은데?" 하며 크게 찢는 것을 보여주고 바꿉니다. 아기가 종이 찢기 놀이를 계속할 수 있게 의욕을 높여주세요.

열심히 한 가지 놀이를 하고 있는 것 같으면 아기의 행동을 잘 관찰하세요. 말을 걸지 말고 아기의 시야에서 멀어져서 지켜봅니다.

아기가 그 놀이에 좀 질려서 다른 곳을 볼 것 같으면 지금까지 해온 놀이의 응용을 생각해서 엄마가 옆에서 조용히 놀아봅니다. 아기가 알아차릴 수 있도록 해서 말이지요. 아기가 그걸 흉내 내기 시작했다면 다시 혼자 놀기를 시키세요.

아기가 집중해서
놀 수 있는 시간을
알아둔다

이런 식으로 같은 놀이를 길게 지속시킵니다. 블록 쌓기 놀이를 하는 시간이 지난번보다 1분이라도 길어졌는지를 관찰해서 아기가 얼마나 집중할 수 있는지 알아둡니다.

30분 놀 수 있다면 30분 간은 도중에 말을 걸지 않도록 합니다. 만약 도중에 기저귀가 젖어서 아기가 갈고 싶어할 때는 재빨리(기저귀 체조는 생략해도 무방) 갈아주고 나서 계속 놀게 합니다. 일이 생겨서 놀이를 중단했을 때는 원인을 제거하고 진정시킨 후에 놀이를 계속 시킵니다. 아기가 완전히 질려서 내팽개칠 때까지는 **아기를 그 놀이에서 떼어놓지 않도록 주의**하세요.

아기는 놀이를 통해 집중력을 키웁니다. 길게 놀기 위해서는 단순한 놀이를 응용하며 복잡한 놀이로 발전시켜가야 합니다.

이렇게 해서 **사고력**이 생깁니다. 집중력과 사고력을 아기에게 가르칠 수는 없습니다. **아기의 소중한 자습시간을 방해하지 않는 것이 집중력과 사고력을 길러주는 길**이지요.

열중해서 놀고 있을 때 이름을 부르거나 "뭐 하니?" 하고 무심히 툭 말을 거는 것은 좋지 않습니다.

＊ 지속해서 집중할 수 있는 시간은 길면 길수록 좋습니다.

⑥ 흥미 대상을 보면 장래의 성격이 보인다
—— 성격의 발아

잠깐 맡은 아기가 식탁 위에 있는 이쑤시개를 몹시 가지고 싶어한 적이 있습니다.

너무 작기도 해서 망설이다가 주었습니다. 아직 잡고 서지 못하고 기어다니는 아기였는데, 이쑤시개를 들더니 다다미 한쪽 끝을 쑤시기 시작했습니다. 틈에 끼워 세우려는 걸까 싶었는데 아니었습니다. 열심히 찌르기만 했습니다.

아기 엄마가 아주 깔끔한 사람이었어요. 혹시 다다미 귀퉁이에서 먼지를 빼내고 싶은 게 아닐까 하고 생각했습니다.

그래서 다다미 틈에 10엔 동전과 1엔 동전을 넣어두고, 동전을 꺼내게 도와주었습니다.

그때 본 아기의 얼굴이 잊히지 않습니다. '모든 것이 뜻대로 되었노라'라는 얼굴이었지요. 그때부터 질리지도 않고 놀이에 열중했습니다. 동전을 잘 꺼낼 수 없어서 짜증스러워하면 함께 꺼내주고 다시 동전을 끼워넣었습니다.

이 아기는 엄마가 평소에 하는 행동을 잘 보고 있었던 것이죠.

틈에서 동전 꺼
내기에 열중하
고 있는 아기

그리고 다다미 가장자리에서 먼지가 나오는 것을 마법이라고 생각하고 있던 겁니다. 아기는 놀라운 집중력으로 오랫동안 놀이를 했습니다.

이처럼 **아기의 집중력이 의외로 길게 지속된다는 것**을 알게 되었다면, 그만큼의 집중력을 써서 놀 수 있는 놀이를 주고 하나의 놀이를 오래 지속하게 합시다.

이 경우처럼 잘 못해서 짜증내기 직전에 살짝 손을 빌려주어서 조금 더 놀게 할 수 있습니다. 그리고 아기는 알루미늄으로 된 1엔을 꺼낼 수 있지만, 무거운 10엔은 힘들다는 것도 알게 됩니다.

왜 어려운지는 몰라도 괜찮습니다. **알루미늄 동전이라면 꺼낼 수 있다는 자신감을 갖는 것이 중요하고, 다음엔 10엔에 도전하겠다는 적극성과 그것을 파내기 위한 집중력의 지속이 중요**합니다. 어려운 '동전 파내기'는 시일을 두고 다시 도전시킬 필요가 있습니다.

이렇듯 **'무엇이든 하면 된다'**라는 것을 알려줄 계기는 어디든 있습니다. 무엇이 됐든 도전해서 해냈다는 훌륭한 생각이 의식

속에 싹튼다면 성공입니다.

그러나 그런 기회를 어떤 상태로 마주치게 될지는 알 수 없지요. 어떤 놀이에 열중하는지를 보고 그 아기의 미래를 상상할 수 있는 경우도 있습니다. 아기의 재능이 어떤 방면에서 꽃 피어날지 어렴풋이 알게 되는 것이죠.

* 아기가 어떤 일에 집중하는지 그 싹을 발견합시다. 성격의 싹이기도 합니다.

⑦ 걷기 좋은 환경을 만들자
—— 어떻게 도와줄까

기면 서기를, 서면 걷기를 바라는 것이 부모의 마음입니다. 부모의 마음은 다른 집 아이보다 발육이 좋길 바라는 것이죠.

하지만 걷기 시작하기도 전에 갑자기 걷는 법을 가르쳐도 효과는 없습니다. 빨리 걷길 바란다면 태어났을 때부터 자극에 따라 움직이도록 유도해서 시간을 들여 반응이 빠른 아기로 키워야 합니다.

다리 근육만 강화해도 소용없습니다. 기기 따로, 걷기 따로 가

기기 시작하면
서기 쉽게, 서기
시작하면 걷기
쉽게 도와준다

르칠 수는 없으니까요.

기기 시작했다면 서기 쉽게, 설 수 있게 되었다면 잡고 걷게, 잡고 걷기를 시작했다면 걷기 쉽게. 이런 식으로 조건을 갖추고 순서대로 도움을 주는 겁니다.

아기가 움직이기 쉽고 배우기 쉽게 해주는 것이죠. 엄마는 학습 조건을 갖추고 어떻게 도와주는 게 좋을지 고민해야 합니다. 그러기 위해서는 아기의 생활을 제대로 보는 관찰력이 필요합니다.

네 발로 기기 전 무릎으로 기는 기간이 길어서 바지의 무릎 부분이 몇 벌이나 해지는 아기가 있는가 하면, 팔꿈치로 다리를 끌면서 기며 굳이 일어나려고 하지 않는 아기도 있고, 후진만 하며 앞으로는 기지 못하는 아기도 있습니다.

엄마가 조금씩 유도해주면 빨리 다음 단계로 넘어갈 수 있을 것 같지만, 팔꿈치로 기기만 하는 아기의 양 겨드랑이를 받치고 걷게 한다고 해서 빨리 걷게 되는 것은 아닙니다. 아기가 지니고 있는 모든 기능을 원만히 발달시키는 것이 중요합니다.

거의 기지 않고 걷는 아기나 혼자 서자마자 한두 걸음 전진하

는 아기처럼 빨리 걷는 아기들은, 하나의 동작을 습득하는 기간에 다음 단계의 준비 운동도 하며 필요한 근육을 강화시켰던 겁니다. 길고 짧음이 있을 뿐, 네 발 기기, 잡고 서기, 혼자 서기, 걷기의 과정을 모두 거쳐온 것이죠.

손의 움직임, 다리의 움직임, 근육의 발달, 힘의 세기, 중심 잡는 법 등을 빨리 습득하는 아기는 기는 시기 동안 움직이는 속도가 놀랄 만큼 빠르며, 매일 같이 새로운 동작을 익혀갑니다.

이 무렵부터는 특히 주의해서 바른 자세와 군더더기 없이 움직이는 법을 손과 다리를 바로잡으며 가르칩니다.

엄마가 젓가락을 잘못 잡거나 바르지 못한 자세로 기저귀를 갈고, 일을 적당히 해치우는 습관 때문에 매사 정확하게 하지 못하면 아기를 적절히 지도할 수 없습니다. 이 무렵에 **처음부터 합리적인 몸의 움직임을 배웠는가 아닌가에 따라 그 후 발달에 큰 차이가 생깁니다.** 기초공부 단계인 거죠. 걷기의 기본은 기저귀 체조 때부터 시작됐던 것입니다. 걷게 된 다음에 바르게 걷는 법을 가르친다한들 빨리 잘 걷게 되는 것은 아닙니다.

무릎으로 기게 되면 발바닥을 바닥에 붙인 상태에서 양손을 벌리게 하고 허리를 잡아준다

* 걷기는 인간다운 활동의 뿌리입니다. 인간이 두 발로 일어섰을 때부터 인간다운 활동이 시작되었던 것입니다.

⑧ 네 발로 엉금엉금 기게 하려면
── 다리 힘 기르기

무릎을 대고 길 때는 손 힘이 강하게 작용합니다.

자유롭게 후진할 수 있게 되면 발목을 약간 세워서 발바닥이 바닥에 닿게 합니다. 엉덩이를 높게 쳐들어서 불안정해지면 아기의 허리를 잡아줍니다. **손바닥을 활짝 펴게 해주세요.** 주먹 쥔 손으로는 '네 발 기기'를 할 수 없습니다. 엄마가 한번 주먹을 쥐고 기어 보세요.

손을 펴면 힘이 분산되어서 안정감이 생깁니다. 어떻게 해야 할지 모를 때는 늘 엄마가 직접 같은 자세를 만드는 실험을 해보고, 괜찮다고 여겨지는 방법이 좋은 겁니다.

이렇게 '네 발 기기'를 시키면 균형이 앞으로 쏠린 자세가 되어서 어떻게 중심을 잡아야 할지 알게 됩니다.

체중을 몸 한쪽에 실리게 해서 반대편 손이 앞으로 나오기 쉽

엄마의 발등에 아기를
태우고 함께 걷는다

게 합니다. 아기의 허리를 들어 올리고 있는 손에서 느껴지는 무게가 가벼워졌다면, 받치고 있던 손에서 힘을 뺍니다. 자세가 무너지면 다시 받쳐줍니다.

이렇게 다리 힘을 길러갑니다. '무릎기기'는 주로 팔을 사용하는 일이 많습니다. 발끝이나 발꿈치에서 무릎과 연동해 힘을 주는 근육을 어떻게 써야 할지 배우면 금방 잡고 서기 시작합니다. 네 발 기기를 할 수 있는 아기는 조금만 붙잡아줘도 제대로 설 수 있습니다.

발등 위에 아기를 세우고 손으로 겨드랑이를 받쳐서 마치 아기가 걷는 것처럼 작은 폭으로, 큰 폭으로 걷습니다.

아기의 체중이 어떤 식으로 이동하는지 잘 알아둡시다. 흔들리지 않으면서도 꼭 잡아줄 필요 없는 발걸음으로 걷고 뛰면서 리듬을 타고 노래도 부르며 방안을 한 바퀴 돌게 해줍니다. 하루 한 번이면 충분합니다.

이것이 가능해지면 금방 잡고 서게 되지만 방심은 금물입니다. 아기의 손이 닿는 범위가 넓어지니까 **당기면 움직이는 것, 떨어지는 것은 특히 주의해서 치워둡시다.**

전화선이나 가전제품의 전기선으로 인해 큰 사고가 일어나는 일이 자주 있습니다. 옷장 서랍은 아기가 잡기에 좋은데요, 위쪽이 무거운 옷장 아래쪽 서랍에 아기가 올라타면 아기의 체중으로 옷장이 쓰러질 수도 있습니다. 서랍이나 여닫이문에 손이 끼기도 하지요.

기분 좋게 오랫동안 혼자 놀기를 시키고, 움직임을 발전시키기 위해서도 **세심한 주의를 기울여서 위험을 제거할 필요가 있습니다.** 아래쪽 서랍에는 무거운 것을 넣어서 엄마도 힘을 써야만 열리게 해두는 것도 하나의 방법입니다. 여러 가지로 생각해 봅시다.

처음에는 일어설 수는 있어도 엉덩이를 천천히 땅에 대지 못하거나 갑자기 손을 놓아 엉덩방아를 찧는 바람에 뒤로 넘어져 장난감에 머리를 세게 부딪치기도 합니다.

한동안은 엄마가 아기 뒤에 앉아서, 높은 곳을 잡고 있는 아기 손을 기는 것처럼 하나씩 차례차례 내리게 하여 앉는 법을 가르치세요. 또 같은 방법으로 손을 써서 일어서는 놀이도 해줍시다.

⑨ 잡고 서기, 잡고 걷기를 도와주자
── 어떻게 균형을 잡게 할까

엄마가 손을 잡고 일으켜 세워줄 때, 잡고 설 수 있을 때, 혼자 서려고 할 때, 드디어 혼자 설 수 있을 때. 그때마다 아기의 발을 잘 보세요.

보통 붙잡은 물체에 발이 너무 붙어 있거나 발 바깥쪽으로 선 탓에 몸이 후들후들 흔들려서 팔을 펴면 바로 뒤로 쓰러집니다.

손으로 몸을 지탱하는 힘이 강한 아기만 오래 서 있을 수 있습니다. 이때 엄마는 한쪽 발을 뒤로 물려서 몸의 균형을 잡는 법을 가르쳐주세요.

처음부터 두 발을 모으고 상체를 곧게 펴는 것은 좋지 않습니다. 엇갈리게 서야 뒤쪽 발에 자연히 중심이 쏠리기 때문에 앞에 있는 발이 떠올라 걷기 쉬워집니다.

이 한 걸음이 혼자 서서 자신의 체중이 어떻게 움직이는지 이해하는 첫걸음이 됩니다.

스스로 다른 발을 움직이고 또 쿵 하고 엉덩방아를 찧겠지요.요. 그래도 이때는 대부분 뒤로 벌렁 넘어가지 않으니까 그냥

잡고 서기 시작하면 한쪽 발을 뒤로 빼서 균형 잡는 법을 알려준다

1 ➡ 2

둡시다.

아기는 다시 붙잡고 일어섭니다. 이번에는 좀 전과 다른 발을 뒤로 물리세요. 점점 발의 위치도 좋아지고 안정감이 생깁니다. 이건 아주 빨리 배웁니다. 아기는 곧 붙잡고 걷기를 시작합니다.

처음에는 게걸음을 할 수밖에 없는데 이 역시 필요한 움직임입니다. 발을 옆으로 벌리면 몸이 안정되니까 잘 넘어지지 않는 거죠. 점점 손을 안 쓰게 되고, 물체를 잡는 대신 살짝 기대거나 한 손만 대게 되면, 앞으로 가기 위한 놀이와 도구가 필요해집니다. 하지만 보행기는 추천하지 않습니다.

보행기를 대신할 것을 생각해봅시다. 체중을 옆으로 옮기는 일은 물체를 붙잡고 걸으며 완전히 익숙해졌으니까요.

이번에는 체중을 앞뒤로 옮길 차례입니다. 우선 아기의 어깨 높이 정도에 아기가 팔을 뻗으면 붙잡을 만한 것이 있는 물건(골판지 상자 등)을 찾아봅시다. 골판지 상자를 쓸 거면 뒤집어지지 않게 밑을 무겁게 하거나 어딘가에 고정시킵니다.

의자나 책상을 한번 뒤집어보세요. 상상도 못한 것을 발견할 수 있습니다. 그 안에 아기를 넣어주기만 해도 됩니다. 싫어하면

의자를 쓰러뜨려서 그 안에 넣어주면 정면을 향해 밀고 온다

꺼내 주세요. 어떻게 놀지는 아기가 생각할 겁니다. 별로 들어가고 싶지 않아 하면 그 도구는 아기 몸에 맞지 않는 겁니다.

단, 안에 넣은 후에 **바로 아기 곁을 떠나지 말고 가까운 곳에서 엄마도 일을 하며 보고 있으세요.** 엄마의 손이나 도구를 잡고 일어선 후 잡고 걷기를 도와줘야 합니다.

또 하나, 아기의 허리보다 약간 높은 위치에 잡을 것이 있는 물건(의자 등)도 찾아봅시다.

처음에는 손으로 몸을 지탱하다가 허리의 한 부분에 몸을 의지하며 받치며 설 수 있게 되고, 움직이면 비틀거리다가 다시 손으로 잡습니다. 눕힌 의자의 등받이를 늘 앞으로 돌려서 엄마나 바깥이 보이게 해주면, 신기하게도 몸을 돌려서 놀지 않고 대부분 앞을 향하고 있습니다. 그러다가 등받이를 밀며 앞으로 움직이게 됩니다.

등받이는 보통 곡선이니까 이를 이용해 좌우나 전후로 움직일 수 있다는 것을 알게 되면(위험하니까 좀 더 클 때까지는 가르치지 않도록 합시다), 잘 조절해서 의자와 함께 이동하기 시작합니다.

모래 위에서 균형 잡는 연습을 시킨다

10 눈에 모래가 들어가면 놀이는 끝
—— 눈에 이물질이 들어가면 눈물로 배출시키자

아기가 혼자 앉을 수 있게 되면 산책을 데리고 나가서 밖에서도 앉혀봅시다.

다른 아이가 노는 것을 엄마 품에서 보기만 했던 때와는 다릅니다. 모래 위, 아스팔트 위, 흙 위, 울퉁불퉁한 돌 위에 앉혀보세요.

다양한 장소에서 어떻게 하면 상반신의 균형을 잡을 수 있는지 경험시킵니다. 언제나 머리를 뒤로 젖힐 경우를 염두에 두고 뒤에 있는 물건이나 사람에 특히 주의를 기울입니다.

기어다닐 수 있게 되면 모래밭에 내려놔보세요.

눈에 모래가 들어갔을 때는 당황해서 눈을 문지르면 안 됩니다. 우선 아기의 손을 잡습니다. 아기는 손이 잡힌 것이 싫어서 반드시 눈을 움직이게 됩니다.

그러면 눈의 통증이 커져서 울음을 터뜨립니다. 크게 울수록 눈물이 흘러 모래가 빨리 밖으로 나옵니다.

이렇게 되면 모래밭에서는 그만 놀게 합니다.

눈에 모래가 들어가서 울기 시작했다면 아기의 손을 붙잡은 채 울게 둔다

　아기는 모래 놀이를 좋아합니다. 어쩌다가 눈에 모래가 들어가면 모래 놀이를 그만해야 하나 보다, 하고 아기 스스로 연관지어 생각합니다.

　"모래를 던지면 안 돼." 하고 혼낼 필요는 없습니다. 모래를 눈에 넣으면 눈이 아프니까 하지 않게 됩니다.

　한 번에 아픔을 아는 아기라면 좋겠지만, 별로 아픔을 느끼지 않는 아기도 있으니까 눈에 모래가 들어가면 그 놀이는 끝이라는 것을 알려주어야 합니다.

　또, **눈에 이물질이 들어갔을 때는 눈물로 흘려보내는 것이 가장 좋은 방법이라는 것을 아는 것은 아주 중요한 일입니다.**

인내심을 갖고 한
입씩 맛을 느끼게
하며 먹인다

11 반찬투정하지 않는 아이로 키우기
── 식사는 천천히

숟가락, 빨대로 빨아먹거나 마실 수 있게 되면 아기는 강하게
빨리 빨거나 한 입에 들이마실 수 있게 되고, 드디어 유동식(미음, 죽, 요구르트 등)도 먹을 수 있게 됩니다.

처음에는 맛을 보지 않고 삼켜버립니다. 음식을 먹은 게 아니라 꿀꺽 삼킨 것이니까 아주 서툰 섭취법이지요.

그러다가 혀끝으로 음식을 움직이게 되는데, 삼킨 후에 바로
다른 것을 숟가락에 담아 입안에 넣어주는 것은 좋지 않습니다.
쉬지 않고 넣어주면, 배고픈 아기는 맛도 보지 않고 삼킵니다.

이렇게 하면 **식사 속도는 높일 수는 있지만 아기의 미각과 기능
발달의 속도는 반대로 느려지게 되지요.**

**아기의 입 안에 음식이 남아 있는 동안에 먹을 걸 조금씩 넣는
행동을 삼갑시다.**

"아—" 하고 입을 벌리게 하여 안에 아무것도 없는 것을 확인해
서 제대로 넘겼다는 것을 알고 난 후에 다음 음식을 줍니다. 죽

에 들어 있는 채소의 단단함과 우동의 길이를 혀로 탐색하고 있는 동안 아기는 연구 중입니다. **기다려주세요.**

아직 별로 먹지 않았는데 음식을 뱉었다면 크기나 굳기가 입에 거슬리는 것이지 음식 자체가 싫은 것은 아닙니다. 음식에 대한 편식은 아닌 거지요.

싫다면 바로 입에서 뱉고 삼키려고 하지 않을 겁니다. 식감이 싫을 뿐인데 안 먹는다고 다른 것을 주지는 마세요.

또, 아기가 잘 삼킨다고 자꾸 주면서 입 안에 밀어넣으면 좋아하는 것도 싫어집니다. 편식보다 더 고치기 힘들지요. 아무리 주의해도 좋아하는 음식은 생기기 마련이지만, 싫어하는 것도 먹는 아이로 컸으면 하는 것이 부모의 바람이지요.

우유 이외의 것을 먹일 때는 그게 뭐든 간에 필요한 양만큼 먹이는 데는 시간이 걸린다는 걸 각오하고 주세요. 조바심은 금물입니다.

이유식을 먹을 무렵이 되면, 분유는 말하자면 인스턴트 식품인 셈입니다. 편리한 인스턴트 식품만 주는 것이 좋을지 나쁠지 생각해보세요. **시간을 들이지 않으면 좋은 육아를 할 수 없습니다.**

소 넓적다리살을 두께 2cm, 폭 3cm, 길이 10cm 이상의 크기로 잘라 센 불에 완전히 구운 후 식혀서 준다

⑫ 스테이크를 먹여보자
—— 빠는 식사법에서 씹는 식사법으로

막 나기 시작한 아기의 유치는 얇고, 마치 날이 선 칼 같습니다. 크게 깨문 사과나 당근이 목 속으로 들어가서 목이 막혀 콜록거리기도 합니다.

이런 시기에는 사과나 당근처럼 단단한 것을 공갈젖꼭지 대용으로 주지 마세요. 이 무렵부터는 식사를 겸할 수 있는 멋진 치발기가 있습니다. 씹을 때 자주 쓰는 아래턱의 발달에도 좋으니까 꼭 써보세요.

바로 스테이크 먹기 도전입니다.

우선 단단한 소의 넓적다리살을 사놓습니다. 싼 것도 괜찮습니다. **두께 2센티미터, 폭 3센티미터, 길이 10센티미터 이상의 크기**로 자른 것을 센 불에서 잘 구워 웰던 스테이크로 요리합니다. 약한 불에서 오래 익히면 너무 부드러워지니까 **센 불에서 중심까지 잘 익힙니다.**

저는 저녁 준비로 바쁠 때 곧잘 아이들에게 주었습니다.

아무리 씹어도 잘 줄어들지 않아 자연히 집중력이 생긴다

발가벗은 아이들은 진지한 눈을 하고 두 손으로 잡은 스테이크 먹기에 도전했습니다.

저는 곁눈질로 보며 손이 많이 가는 요리를 할 수 있었지요.

또 이런 때, 먹는 데 열심인 아이에게 말을 걸 필요는 없습니다. 밑에 떨어뜨리고 줍지 못할 때는 아기가 말을 거니까 주워 주면 됩니다.

아기가 잘 깨물면 끝이 조금씩 찢어지며 먹을 수 있게 됩니다. 그렇게 씹는 법을 기억하면 '너덜너덜 스테이크'는 눈 깜짝할 새 작아집니다. 그대로 목에 넘길 수 있는 크기가 되었거나 한두 번 씹어서 될 것 같으면 훌륭하게 씹을 수 있게 된 것이니 목에 걸리는 일은 거의 없습니다.

잘 씹는 법, 자기가 베어 문 것을 삼킬 때의 적정량을 혀끝으로 확인하는 법도 말린 오징어와 다시마, 스테이크에 도전하는 과정에서 배워갑니다.

너무 큰 조각은 혀끝을 써서 밖으로 뱉을 수 있게 된 아기라면 사과나 당근을 줘도 괜찮습니다. 잘라 문 것을 곧바로 빨아서 목

안쪽으로 밀어넣는 짓은 더 이상 하지 않습니다. **고형물은 빠는 게 아니라 삼키는 것**이라는 것을 알게 됩니다.

액체를 빠는 것과 고체를 자른 후 삼키는 것을 구별하고, **음식에 맞는 방법으로 먹을 수 있게** 됩니다.

다만 아기는 여전히 어른보다 쉽게 목이 막히기 때문에 완전히 마음을 놓지는 마세요. 새로운 것을 먹일 때는 충분히 주의해야 합니다.

* '장시간 질리지 않고 같은 일을 지속할 수 있는 능력=집중력'은 아기가 흥미를 갖는 일로 길러주는 것이 가장 좋습니다. 먹기가 바로 그렇지요. 배가 부를 때까지 계속하니까요.

⑬ '놀면서 먹기'는 금물
—— 한 번에 한 가지 일만

아기를 앉히고 마주 앉아 밥을 먹일 때, 아기가 숟가락을 잡고 싶어 하거나 손을 음식 속에 넣을 때가 있습니다.

먹는 것에만 집중할 수 없기 때문입니다. 이 무렵에 바나나 같은 것을 손에 들려주고 먹게 한 적은 없나요?

아기는 그때의 동작을 기억해내고 식사 중에 시도해보고 싶은 겁니다.

이런 것이 '놀면서 먹기'의 원인이 됩니다. **공갈젖꼭지가 아니라면, 가지고 놀면서 먹는 습관이 생기지 않도록** 합니다.

느리게 먹는 것과 노느라 먹는 것이 느려지는 것은 의미가 다르지요.

바나나 등을 손에 쥐어주고 먹게 할 때, 깨문 것을 입에서 뱉으면 아기는 더 이상 먹고 싶지 않은 것입니다. 다시마나 말린 오징어를 공갈젖꼭지 대용으로 쓰고 있을 때도 입에서 뱉으면 더 이상 먹고 싶지 않은 것입니다. 이럴 때는 먹을 것을 가져가세요.

입속의 감촉만 즐기거나, 손으로 마구 으깨는 감촉에 재미를 느끼면 자꾸 가지고 놀려고 합니다. 바나나를 음식으로서 줬다면, 먹지 않게 되었을 때는 뺏어간 후 아기의 손을 닦고 그만 먹게 합니다.

아기에게 식사 도중에 아기가 숟가락을 들고 먹고 싶어 한다고

수저를 쓰게 할 때
는 처음 식사할 때
부터 바르게 잡는
법을 가르친다

쥐어주면 안 됩니다. 숟가락을 사용하게 할 경우에는 식사 처음부터 쥐어줍니다. 엄지손가락뿐 아니라 나머지 네 개의 손가락도 숟가락에 바르게 대주고 쓰게 합니다.

숟가락으로 뜨기 쉬운 음식을 준비하고 뜨기 쉬운 그릇에 넣습니다. 숟가락을 잡은 손 위에 엄마 손을 얹고서 함께 떠서 먹입니다. 그런 식으로 몇 번 먹인 후 혼자서 떠먹도록 유도합니다.

처음에는 두세 번 혼자 해보고 아기는 만족합니다. 그 이상은 아기가 혼자 먹으려 해도 잘 안 될 테니 자기가 먹는 속도로는 공복감을 해소할 수 없습니다. 그렇게 되면 엄마가 먹입니다.

배고픔으로 약간 짜증이 난 아기는 엄마가 먹여주는 대로 먹을 겁니다. 이런 식으로 혼자 먹는 시간을 점점 늘려갑시다.

먹는 속도가 느려지고 흘리기 시작했다면 잠시 동안 엄마가 먹여주도록 합시다. 그런 후 다시 혼자 먹을 것 같으면 혼자 먹게 한 후 식사를 끝냅니다. 먹지 않고 놀기 시작하면 먹을 것을 빼앗습니다.

이렇게 해서 **아기에게 놀면서 먹을 기회를 주지 않는 겁니다. 먹을 때는 먹는 것에 집중하게 해야 하지요.**

먹지 않고 놀기 시작했다면 음식을 치운다

아기가 혼자서 먹는 시간은 처음에는 짧지만 점점 길어집니다.

엄마가 먹일 때 30분 걸린다면, 그 30퍼센트 정도의 시간(약 10분) 동안만 아기 혼자 먹게 합니다. 혼자 먹기 싫어졌거나 배가 찼을 때 눈앞에 먹을 것이 있다면, 호기심 왕성한 아기는 놀지 않을 수가 없습니다.

그래야 얌전하게 있으니까, 라는 생각으로 먹을 것 앞에서 먹었다가 놀렸다가 하면 늑장부리며 먹거나 흘리며 먹는 시간이 길어져서 식사 시간이 늘어가게 됩니다.

먹으면서 텔레비전을 보면 먹는 것보다 텔레비전에 더 주의가 쏠리기 때문에 젓가락이나 입의 움직임이 멈춥니다.

그 결과 텔레비전을 보며 먹으면 식사 시간이 길어지게 됩니다. 입을 오물거리며 씹고 있는 동안 텔레비전을 보더라도 젓가락을 움직일 때는 손과 손끝을 제대로 보며 먹는다면, 식사를 즐기면서 다른 생각도 할 수 있게 됩니다.

물론 텔레비전 보면서 식사하기를 장려하는 것은 아니지만요.

'진정한 의미의 멀티태스커'가 되길 바라는 겁니다.

뇌를 어떻게 사용할지 버튼을 누르듯 신속하게 전환하면서 한

텔레비전를 보더라도 입을 바르게 움직이도록 가르친다

가지 일에 계속 집중할 수 있는 아이로 키우고 싶은 것이죠.

하나하나를 제각기 정확하고 빨리 할 수 없는 아이는 두세 가지 일을 동시에 제대로 처리할 수 없으니까요.

* 하나의 일에 집중할 수 있게 되고 난 후에야 '멀티태스킹'이 가능해집니다.

⑭ 싫어하는 음식을 먹이는 방법
── 어떻게 먹일까

좋아하고 싫어하는 음식은 생기기 마련입니다.

다양한 이유식을 주게 되면 입안에 넣어줘도 잘 안 삼킬 때도 있고, 한 번은 먹지만 다음에는 뱉어버리거나 아니면 먹는 도중에 입에 넣지 않으려고 해서 고생합니다.

이런 과정을 거쳐 엄마는 아기가 어떤 것을 싫어하는지 알게 되지요. 그러나 '재료가 싫은 것인가' '조리법이 싫은 것인가' '너무 빨리 먹여서 싫은 것인가' '별로 배가 안 고픈 건가' 등등 원인을 규명하기는 쉽지 않습니다.

정확한 판단을 내릴 수 있게 다양한 시도를 해보세요. 배가 불

이제까지 먹어온 맛이 싫어지는 경우도 있다

러 토하는 것은 어릴 때부터 할 수 있습니다. 조리법이나 재료를 싫어하는 아기는 미각이 뛰어난 겁니다. **기뻐해도 좋지요.**

다음에는 싫어하는 것을 먹일 방법에 도전합니다. **억지로 위협해서 먹이려고 하면 안 됩니다.** 온갖 수단을 동원해서 줘봅니다.

한 가지 예를 들어볼까요? 분유를 별로 먹지 않는 아기가 있었습니다. 늘 배가 고파서 신경질적인 면이 있는 여자 아기였지요. 엄마가 주에 두 번 외출하는데 그때마다 분유와 푸딩, 젤리 같은 간식과 함께 아기를 맡겼습니다.

아침부터 분유는 겨우 40시시 정도밖에 먹지 않은 데다가 기분도 나쁜 상태여서 돌봐주는 사람이 두 손 두 발 다 들 정도였지요.

엄마가 만들어놓은 간식은 쳐다보지도 않고 다른 것을 먹고 싶어하는 겁니다.

"곧 수유 시간인데 전혀 먹고 싶어 하질 않아요"라고 하기에 "먹고 싶지 않아 하면 안 줘도 돼요." 하고 말하고 저희 집에 데려왔습니다.

아기는 방 분위기가 바뀌자 혼자서 조용히 놀고 있었습니다. 제가 먹을 생각으로 전골 국물에 밥을 넣고 푹 익혔는데, 냄새를

가공식품의 강한
맛이 문제가 되는
경우도 있다

맡고 참을 수 없을 정도로 식욕이 동했는지 아기가 아주 먹고 싶
어했습니다.

푸딩을 먹고 전병을 빠는 등 다양한 음식을 먹을 정도로 조숙
한 여자 아기였지만, 아직 걷지 못하는 아기입니다. 다 된 음식을
따뜻한 물로 맛을 옅게 한 후 주었습니다.

그러자 **이제껏 보지 못한 기세로 정신없이 먹었습니다. 천천히
먹으려고 저도 땀을 뻘뻘 흘렸는데, 아기는 어른용 밥공기로 한
그릇이나 먹었지요.**

이 세상에 이렇게 맛있는 것이 있었다니. 한순간 그런 표정을
지었다가 곧 먹기에 열중해서 진지한 눈빛으로 표정도 짓지 않고
정말 제대로 먹었습니다.

과식해서 괜찮을까 걱정했지만, 설사도 하지 않았고 다음 날에
도 몸 상태가 아주 좋았습니다.

간식으로 맛이 강한 것을 주다보면, 정작 공복을 채워주는 식
사는 맛에 변화가 없고 양이 적은 분유, 계란, 빵, 우동 등이 되
기 쉽고, 이걸 부드럽게 조리한 것에 불과한 음식이 되기 쉽지요.

어떤 기회에 엄마의 간식을 입에 살짝 넣어준 것이 수유에 지
장을 주었고, 그 때문에 먹는 양도 적어졌던 것이죠.

　그래서 금방 배가 고파져서 또 먹고 싶어하니까 가공식품(푸딩이나 젤리)을 먹여왔던 겁니다.

　이 아기는 조금씩 적게 먹는 데다, 가공식품의 맛을 너무 빨리 알게 된 것입니다. 좀 더 생각하고 조리해서 다채로운 이유식을 주었어야 했던 거지요.

　이 아기처럼, 계속 더 다른 맛을 찾고 그때까지 먹던 맛을 싫어하게 되는 경우도 있습니다.

15 맛은 혀끝으로 느낀다
── 음식은 혀끝으로

　여태껏 먹어보지 못한 것을 주면 아기는 언제나 "이게 뭐지?" 하는 반응을 보입니다.

　맛있는 과즙이어도 마치 싫은 듯 아주 희한하게 얼굴을 찡그리며 먹습니다. 익숙해지면 목욕한 후 보리차도 꿀꺽꿀꺽 마시게 됩니다.

　숟가락이나 젓가락으로 음식을 줄 무렵에는 미각과 후각, 시각

첫 숟갈은 입을 크게 벌리게 한 후 음식이 혀 한가운데 닿도록 해준다

도 상당히 발달한 시기이기 때문에 약간의 요령만 알면 처음 먹는 음식도 잘 먹일 수 있습니다.

우선 새로운 재료로 만든 음식은 **너무 뜨겁게 하지 마세요. 피부보다 낮은 온도**가 적당합니다. 먼저 엄마가 "맛있다, 맛있다." 하며 한 입 먹는 모습을 보여줍니다. 처음엔 숟가락이 혀에 닿는 감촉이 기분 나쁘지 않도록, 숟가락을 약간 덥혀서 음식이 혀 가운데로 가도록 넣습니다.

꼭 엄마도 "아―"라고 말하며 입을 크게 벌려서 유도합니다. 엄마가 "아―"라고 하면 아기도 입을 열게 됩니다.

이제까지 잘 먹어왔던 음식이라면 혀끝 가까이 숟가락을 가져가서 아기가 스스로 다가와 먹게끔 유도하며 먹입니다. 혀 가운데에 넣어주면 맛을 느끼지 못하기 때문에 음식을 혀끝으로 굴리며 맛보지 않고 보통 그냥 삼키게 되니까요.

그렇게 한 입, 두 입 먹으면 점점 혀끝에다 숟가락을 댑니다.

맛을 느끼는 감각세포는 혀끝에 있습니다. 맛을 알려주려면 음식을 혀끝에 주어야 하지요.

입 앞에 온 숟가락 속 음식의 냄새도 잘 맡을 수 있게 합니다. 잘 먹는다며 입속으로 음식을 넣는 것은 삼갑니다. 물론 입속으

맛을 느끼는 혀끝
부분에다 숟가락
을 대준다

로 넣을수록 아기는 흘리지 않고 엄마는 청소하기 편하지만요.

하지만 아기가 입을 잘 움직여서 혀로 음식을 탐색하게 해주기 위해서는 입속의 음식을 흘리는 것은 참읍시다. 아기의 입이 어떻게 움직이는지에 맞춰서 정확하고 천천히 음식을 입안에 넣어주세요. 시간은 걸리지만, 고형물을 먹기 위한 훈련이니까 어쩔 수 없습니다.

만약 시간이 없다면 분유를 주고 시간이 날 때 새로운 음식에 도전하세요.

맛과 냄새, 색깔, 모양으로 새로운 음식의 기억을 몸에 남겨주어야 합니다. 새로운 음식을 별 생각 없이 그냥 주었다가는 퉤 하고 뱉을 수 있으니까요. 아기가 음식을 싫어하는 건 **처음 먹는 것이어서 그럴 수 있다는 걸 엄마는 쉽게 깜빡하지요.**

이제까지 잘 먹었는데 갑자기 안 먹게 된 경우라면 조리법이 평소와 다르지 않았는지(맛내기, 써는 법 등), 한동안 안 먹인 게 아닌지를 생각해보세요.

식사를 하던 도중에 먹지 않게 되었을 때는 물이나 국으로 입을 벌리게 해 입안에 음식이 남아 있는 것은 아닌지 잘 보세요.

잇몸으로 가려진 곳, 입천장, 혀 뒤 등 **생각지 못한 곳에 고여 있을 수도** 있으니까 잘 살펴보아야 합니다.

만약 음식이 남아 있다면 다 먹게 해서 입안을 비운 후 같은 음식을 줍니다. 그래도 먹지 않으면 식사를 끝냅니다.

조금밖에 안 먹었다고 다른 음식으로 기분을 맞춰주어서는 안 됩니다.

* 우리가 음식의 맛을 알 수 있는 것은 혀끝 표면에 맛을 느끼는 기관(미뢰)이 있어서 음식이 닿으면 자극을 받기 때문입니다.
맛에는 단맛, 신맛, 짠맛, 쓴맛, 감칠맛이라는 다섯 개의 기본 맛이 있습니다.
혀 가운데의 넓은 부분은 전혀 맛을 느끼지 않는 '미맹'입니다. 이곳에는 미뢰가 없습니다.

16 아기의 낮잠 시간은 엄마의 낮잠 시간
── 피곤한 엄마는 건전한 육아를 할 수 없다

육아를 할 때 아기를 냉정하게 관찰하고 적절한 조치를 신속하게 내리려면 엄마의 몸 상태가 늘 좋아야 합니다.

이러기가 의외로 어렵습니다. 엄마는 아기만 상대하고 있을 수

냉정한 육아 자세를 유지하기 위해서는 엄마의 건강을 잘 관리해야 한다

없으니까요. 주부로서 할 일도 있습니다. 그런데 아기는 꼭 저녁 식사 준비로 바쁠 때 보채지요.

왜일까요? 저녁 식사 전에는 아기도 지쳐 있기 때문입니다. 배도 고파져서 에너지를 보충해야 할 시간이 다 되어가는 거죠.

아기에게 낮에 활동하는 생활 리듬을 심어주는 것도 중요하지만, **엄마의 생활 리듬을 아기보다 한 시간 정도 앞당기는 것도 그 못지않게 중요**합니다. 이렇게 하면 조바심도 상당히 해소될 것입니다.

그러기 위해 아기와 함께 낮잠을 자는 겁니다.

이 무렵이면 두 번 자던 낮잠이 한 번으로 줄어든 아기도 있을 텐데요. **비교적 긴 낮잠 시간에 엄마도 낮잠을 자도록 합니다.**

수면이 부족해지지 않도록 아기와 함께 눕는 거죠.

수면이 부족한 상태에서는 좋은 육아를 할 수 없고 움직임이 둔해지며 집안일에 시간이 더 들고 그릇을 깨는 등 실수도 많아집니다.

물건을 사러 갈 때는 아기를 업고 데려가세요. 걸으면서 리듬

엄마의 몸 상태가 좋으면 아기도 즐겁다

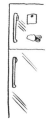

집안일을 합리적으로 할 때 육아도 수월해진다

을 맞추거나 노래를 불러줄 수도 있고, 아기도 주변을 둘러보느라 즐겁습니다. 집에 돌아와서 가만히 내려놓으면 혼자 놀기도 합니다.

빨래도 아기에게 보여주며 하세요. 말을 걸기도 하고, 아기를 향해 손수건이나 타월을 털어 주름을 펴면 어떤 아기든 아주 좋아합니다.

집안일을 할 때도 즐겁게 함께 하면, 아기가 먼저 혼자 조용히 있고 싶다는 사인을 보냅니다. 아기에게는 "잠깐 혼자 놀고 있어"라고 말하고 놀게 둡니다.

합리적으로 집안일을 하는 법을 연구합시다. 일하는 시간을 줄이기 위해 노력하고 집안일에도 능숙해집시다.

아기가 낮잠을 짧게 자게 될 무렵이면 혼자 노는 시간이 길어졌을 것입니다. 엄마도 육아 생활의 리듬이 몸에 익었을 무렵입니다.

빨래는 아침에 하기, 오늘 저녁 식재료를 오늘 사기, 청소는 몇 시에 하기 등을 정해두는 것도 좋습니다.

저희 때는 세탁기가 없어서 밤에 빨래해서 햇볕에 말린 후 개었습니다. 냉장고가 없어서 가능한 한 오래 보존할 수 있는 절임 반찬 같은 걸 준비해두었지요. 지금이라면 더 편하게 가사 시간을 조절할 수 있을 거예요.

제 5 기

[두 발로 걷는 시기]

— 걷기 시작한 이후 —

걷기 시작하면
진짜 지능이 싹튼다

● 걷기 시작하면 진정한 지능이 싹튼다–걷기의 중요성

걸을 수 있게 되면 매일 걸어서 뇌를 발달시켜야 합니다.

예를 들어 공원까지 걸어간다고 해봅시다. 그러면 뇌의 전두전야에서 걷고자 하는 의지가 발생해서 어떻게 걸으면 좋을지를 '작업기억'으로 보존하고, 운동야가 '걸어'라는 명령을 내려서 걷기 시작합니다.

걸으면 활동하는 대뇌 후내피질의 격자세포(grid cell)가 반드시 활성화되고, 장기기억을 관장하는 해마가 활동하게 됩니다. 이렇게 되면 아이의 뇌가 발달하고 **기억력이 쑥쑥 올라갑니다.** 그러니 **걷는 것이 중요**한 겁니다.

우리가 보행할 때는 이런 식으로 이동을 돕는 내비게이션 시스템(후내피질 해마기억계)이 활동하며 보행을 돕습니다.

이 내비게이션 시스템의 활동을 밝히는 데 공헌한 존 오키프와 마이브리트 모세르, 에드바르드 모세르 부부가 2014년에 노벨 의학상, 생리학상을 수상했습니다.

오키프가 1971년에 장소세포(place cell)를 발견하고, 모세르 부부가 2005년에 격자세포를 발견해 **뇌내GPS**(위성항법시스템)를 해명한 것이죠.

걷기 시작한 아기의 뇌내 활동을 높이는 쉽고 효과적인 방법이 걷는 것입니다.

아기를 걷게 하지 않으면 뇌의 발달을 기대할 수 없습니다. 걷게 되면 가능한 한 매일 걷게 합시다.

드디어 감각운동적 지능 시기의 마지막 단계에 왔습니다.

제5기(두 발로 걷는 시기, 걷기 시작한 이후) 아기의 특징은 잡고 서서 혼자 걷고 달리는 것입니다. 그러니까 감각운동적 지능이 **3차원 세계**로 확장되지요.

이제까지는 가만히 앉아서 감각자극에 반응해왔지만, 이제부터는 마룻바닥을 이동하고 높은 곳에 기어 올라가서 물건을 만지며 반응하게 됩니다.

스스로 목표를 정하고 손발을 움직이니까 적극적으로 행동하게 됩니다. **자신의 목표에 다가가기 위한 방법을 스스로 발견하게 되는 것이지요.**

지능 역시 감각운동적인 것 말고 **진정한 지능이라고 할 만한**

것이 싹트기 시작합니다.

외부 세계를 향한 아기의 호기심은 지금까지 이상으로 높아지지요.

이제까지는 스스로 움직이지 못해서 멀리서 보기만 했던 것을, 스스로 다가가서 손으로 잡고 만지며 기능을 조사합니다.

이 시기에는 완전히 새로운 것에 흥미를 보이고 탐색을 시작합니다.

이제까지 알고 있던 것과 관련이 있으면서 조금 새로운 것에 흥미를 보이던 시기와는 완전히 다르지요.

아기는 새로운 것을 보고 만지고 기능을 조사하며, 성공하기도 하고 실패하기도 합니다. 그러면서 자신과는 별개로 존재하는 세계의 성질을 이해해가는 것이죠.

● **엄마의 각오**–다른 사람과 즐겁게 지낼 수 있는 아이로

3차원으로 확장된 아기의 행동과 마주하는 엄마의 역할은 지금까지보다 훨씬 어렵고 중요해집니다.

지금까지는 뇌의 발달과 함께 가능해진 반응을 이끌어내서 육

아를 하면 충분했습니다. 그것을 잘하느냐 못하느냐에 따라 아기의 반응이 느리거나 빨라지며 행동발달에 개인차가 생겼던 것이지요.

이 시기의 뇌에서는 장차 돌이킬 수 없을 정도로 중요한 변화가 일어나고 있습니다.

① 다른 사람과 즐겁게 지낼 수 있는 아이

② 다른 사람과 함께 있는 것이 힘든 아이

③ 다른 사람과 보내는 즐거움을 모르는 아이

아기가 이 가운데 어떤 유형이 될지 확연히 정해지게 되지요.

이 책의 목표는 물론 ①유형으로 키우는 것입니다. 하지만 엄마의 생각과는 달리 이 시기의 사소한 잘못으로 인해 ③유형의 아이로 자랄 수도 있습니다.

③유형의 아이를 ①유형으로 바꾸는 것이 이론적으로 불가능하다고 검증된 것은 아니지만, 2세가 지나면 대단히 어려워져서 오랜 시간을 들여도 겨우 ②유형의 아이가 될 정도입니다.

이 시기의 육아에는 **함정이 몇 개** 있습니다. **한 번 실패하면 이**

구멍에서 빠져나올 수 없습니다.

아기가 집 안팎에서 돌아다니기 때문에 다칠 위험이 넘칩니다. 모서리에 부딪혀 다칠 수 있는 책상이라든가, 손에 들면 상처가 나는 칼류, 떨어지면 위험한 물건 등등 아주 많지요.

아기는 호기심이 왕성하니 어디든 나가서 만져보고 살펴봅니다.

생각지 못한 사고가 일어나지 않도록 모든 위험물이 아기의 손이나 발, 입에 닿지 않게 합니다. 아기가 가면 위험한 장소(욕실 등)에는 못 들어가게 합시다.

집안에서는 아기가 자유롭게 돌아다닐 수 있게 합시다. 하지만 혼자서 밖으로 나가지 못하게 해놓아야 합니다.

이 무렵 아기는 계단 오르기를 아주 좋아하는데, 혼자 내려오지는 못하다보니 내려오다가 넘어져서 머리라도 부딪히면 큰일입니다.

계단 오르기는 엄마가 볼 때 시킵시다. 충분히 감시할 수 없다면 계단은 '출입금지구역'으로 지정하고 울타리를 쳐서 올라가지 못하게 합니다.

아기가 출입금지구역에 들어가려고 하면 바로 "안 돼!" 하고 큰 소리로 꾸짖습니다. 그래도 멈추지 않고 들어가려 하면 안아 들고 "안 돼!"라고 큰 소리로 말하면서 엉덩이를 때립니다. **금지된 행동을 했을 때는 아픔을 주는 것**이지요. 다만 시간이 지난 후에 혼내면 자기가 한 행동을 잊어버린 후니까 왜 아파야 하는지 모르게 됩니다.

같은 행동을 세 번 이상 반복하지 않게 해야 합니다. 삼세번하면 성공한다는 생각으로 가르칩시다.

효과적으로 가르치려면 엄마가 절대 권위자라는 것을 아이가 이해해야 합니다. 출입금지구역에 들어갔는데 아무 말도 없거나 "안 돼!"라고 말만 하고 가끔 엉덩이를 때리는 등 엄마의 행동이 들쭉날쭉하면 아기는 상황을 봐서 엄마가 없을 때 출입금지구역에 침입하는 지혜를 얻게 되겠지요.

엄마는 자유롭게 움직이는 아기를 끊임없이 감시하고, 금지된 일을 하면 바로 행동에 나서야 합니다. 그를 위한 체력도 필요합니다.

● 수와 뇌−수 개념을 가르치자

제5기(두 발로 걷는 시기)가 되면 수 개념을 가르치고 숫자(0, 1, …9)를 보고 읽을 수 있게 해서 한 자리 수의 덧셈 뺄셈을 암산할 수 있게 합시다. 앞으로 설명할 실천편처럼 하면 하기 쉬울 거예요.

수(number)는 숫자를 나타내고 특정한 물건을 셀 때는 단위가 붙습니다. 사과는 한 개, 두 개. 차는 한 대, 두 대. 시간은 1초, 2초. 이것이 수의 3요소인 '**종류**(사과)' '**수**(1, 2, …)' '**단위**(개)'이며, 수의 개념이라고 합니다.

아기에게 장난감 자동차를 세 대 보여주고 "차가 몇 대야?" 하고 물은 후 "차가 세 대"라고 말로 대답하게 합시다.

그 다음에는 차를 모두 치워서 보이지 않게 한 후 "차가 몇 대야?" 하고 묻습니다. "차가 0대"라는 의미를 이해하고 대답하기는 어렵습니다. 다만 '**0의 개념**'을 이해하는 것은 **수학적 센스를 익힐 때 굉장히 중요**합니다. 꼭 대답할 수 있도록 지도합시다.

'4, 3, 2, 1' 등 수를 거꾸로 말할 수 있게 되면, 욕조 속에서 함께 숫자를 세고 '4, 3, 2, 1, 0'에서 밖으로 나오도록 합니다.

몇 번 반복하면 시간이 '0초'가 되면 욕조에서 나온다는 것을 자연히 이해하게 되므로 서서히 '0의 개념'이 형성됩니다.

'0, ……, 9'의 개념이 생겼다면 다음에는 덧셈입니다.

1+1=2(일 더하기 일은 이), 1+2=3(일 더하기 이는 삼)……

숫자를 보여주고 입으로 대답을 읊게 해서 기억시킵니다. 아기는 작업기억으로 외우지만 곧 잊어버립니다. 바르게 대답할 수 있을 때까지 몇 번이고 반복합니다.

맞는 답을 빨리 말할 수 있게 되면 해마가 활동해서 하두정소엽(두정엽의 외면은 중심구를 경계로 하여 중심후회·상두정소엽·하두정소엽으로 나누어진다)에 보존된 것입니다.

최근 암산과 뇌의 관계에 대한 연구를 통해 암산은 수로 생각하는 것이며 암산 중에 전두전야가 활동한다는 것이 밝혀졌습니다. 아이는 대답을 작업기억으로서 전두전야에 보존하고, 어른은 해마를 사용해 하두정소엽에 보존한다는 것이 2013년에 보고되었습니다.

어른의 암산은 빠르고 실수가 없지만, 아이는 느리고 잘 틀릴

뿐 아니라 수를 세거나 계산할 때 몸을 움직입니다(counting).

암산은 생각해서 대답하는 것이 아니라 기억하고 대답하는 것입니다.

그러니까 반복해서 대답을 읊고 있으면 기억하기 쉽겠지요.

사실 아이는 어른보다 기억능력이 뛰어납니다. 그 이유로는 아이의 서파수면 기간이 어른보다 길기 때문이라는 수면학설이 유력합니다.

아기에게 반복해서 입으로 암산을 시키면, 쉽게 대답을 기억하게 됩니다.

최근 미국에서 초등학교 2학년생 중 수학를 잘하는 아이와 못하는 아이를 모아놓고 암산 개인 교습을 하는 실험을 실시했습니다.

개인 교습을 하면 어떤 아이든 암산 능력이 올라갔습니다. 그렇다면 암산 능력 차이는 왜 생기는 걸까요? 아이들의 IQ(지능지수)나 전두전야의 기능은 같았습니다. 다른 것은 실험 전에 얼마나 암산을 해봤느냐였지요.

암산을 못하는 아이는 그때까지 암산을 안 해봤든가, 단순히 횟수가 적었던 것뿐입니다.

답을 가르쳐주고 하면 누구나 할 수 있게 된다는 것이지요.

아기가 0~9까지의 덧셈과 뺄셈을 할 수 있으면 초등학교 1학년 수준의 수학 능력을 가지고 있는 셈이 됩니다.

유아기에 이런 능력을 갖춘 아이가 초등학교에 들어가면 과연 어떤 일이 생길까요?

덧셈과 뺄셈을 익힌 후 구구단을 작업기억으로 외우고 있으면 초등학교 2학년에서 요구되는 능력을 가진 것이 됩니다.

뇌과학의 성과를 이용하면 교육 효과를 높일 수 있다는 한 예입니다.

암산을 기억시키면 아이의 능력이 향상되어서 학업 성적뿐 아니라 대인관계 능력도 올라갑니다. 꼭 암산을 시켜보세요.

구보타 메소드로 〈아기 교육〉을 적어도 1년 이상 받은 아기는 어렵지 않게 초등학교 입학 전에 이미 2학년 수준의 수학 실력을 가질 수 있습니다.

수의 암산을 초등학교 입학 전에 가르칩시다.

① 아기는 바로 멈출 수도, 뒷걸음칠 수도 없다
—— 손을 유용하게 쓰기

졸래졸래 움직이는 아기는 신체 중심을 움직임에 맞춰 이동시키며 통통 뛰어서 전진합니다.

이런 아기는 몸을 잘 움직일 줄 아는 겁니다. 균형을 잘 잡는 법을 몸으로 먼저 익힌 것이죠. 또 이런 아기는 넘어지기도 잘해서 넘어지는 것을 무서워하지 않습니다.

하지만 이렇게 몸이 먼저 움직이는 아기는 무서움도 모르니까 위험에서 몸을 지키기 위해 **멈춰 서는 법**도 가르쳐야 합니다.

넘어질 때까지 걷는 것을 기뻐하며 엄마 아빠 사이를 왔다갔다 하다가 안아서 받아주는 놀이는 그다지 추천할 수 없습니다. 스스로 움직임을 그치고 멈춰 서야만 하는 놀이를 생각해봅시다.

둘째 아들이 이런 유형이었기 때문에 저는 자주 "이쪽으로 오렴." 하고 그 말에 따라 걷게 한 후 공을 굴려서 "공을 가지고 올래?" 하고 공을 줍게 했습니다. 그러면 공 옆에서 서야만 하지요.

또는 앞에 방석을 두 장 정도 놓고 "이쪽으로 오렴." 하고 말합니다. 아기가 한 걸음만 더 오면 방석이 있는 장소에 도달할 때

걷기 시작했다면 멈추는 놀이를 고안해보자

거기 멈춰

"거기 멈춰"나 "잠깐, 방석 있는데?" 하고 말해 주의를 줍니다.

설령 걸려 넘어진다고 해도 방석이 있으니까 강하게 부딪히지 않습니다. 넘어질 때도 **손이 몸보다 먼저 바닥에 닿는지를 보세요.** 못 하면 훈련해야 합니다.

이때 역시 앞서 말한 **"움직이지 마"로 움직임을 멈추고 "멈춰" 라고 말하면 바로 멈추는 것이 아주 중요**합니다. 어른과 달리 모든 종류의 위험을 예측할 수 없는 동안에 아기는 말에 반응해서 바로 행동을 일으키는 두뇌 활동이 뛰어나거든요.

이 유형의 아기에게는 뒷걸음질 치는 것도 함께 가르칩니다.

엄마 발등에 태워서 앞뒤로 걷거나 손을 잡고 춤을 추며 놀아주면 빨리 익히는 유형이기도 하지요.

이렇게 해서 몸을 잘 다루게 되고 잘 넘어지는 법도 터득하면 눈을 뗄 수 없는 시기가 짧아집니다.

넘어져도 손을 뻗지 못하는 아기는 허리를 들어서 얼굴을 바닥 쪽으로 가까이 하고 몸을 흔들흔들 흔들어주세요. 때때로 바닥에 더 가까워지게도 하고 멀어지게도 합니다. 이 놀이는 더 일찍 시작해도 좋습니다. 손을 바닥으로 내밀지 않아도 그냥 두고 자

넘어질 때는 손으로
바닥을 짚도록 연습
시킨다

발적으로 뻗길 기다립니다. 매일 한두 번씩 해주세요. 손을 뻗어서 바닥을 짚으려고 하면 그대로 바닥에 손이 닿을 때까지 내려서 손으로 바닥을 칠 수 있게 몸을 들었다 내렸다 하며 놀아줍니다.

손으로 짚으며 넘어질 줄 아는 아기와도 이 놀이를 해보세요. 팔 힘이 붙습니다.

* 넘어질 때도 반사를 이용해 잘 넘어지는 법을 가르칩니다.

② 금지한 것을 저지르면 혼낸다
── 금지의 절대성을 체감시키자

걸어서 마음대로 이동할 수 있게 되면 행동 범위가 넓어집니다. 위험도 많아져서 금지해야 할 것이 많아지지요.

발달이 너무 빨라 아기의 성장 속도에 맞출 수 없을 정도지요.

하지만 아기가 금지 사항을 확실히 기억하기 전에는 한 번에 두세 개의 금지 사항을 가르쳐서는 안 됩니다. 우선 하나를 확실히 체득하고 또 하나를 익히는 식으로 하세요. 위험에서 멀리 떨어뜨리기 위해서는 '자유동산'을 조금씩 넓혀서 행동 제한을 풀

어주도록 합시다.

절대 해선 안 되는 행동을 먼저 "이건 만지면 안 돼요." "여기 들어가면 안 돼요." 하고 금지했다면 어떤 경우든 절대로 안 되는 겁니다.

위험하지 않았다고 혼내지 않는 게 아니에요. 금지한 것은 금지한 거죠. 생각지 못한 짓을 하고 있는 것을 발견하면 바로 "움직이지 마"나 "움직이면 안 돼"라고 큰 소리로 움직임을 중단시킨 후 "이런 게 있었네, 엄마가 미안해." "이건 위험한 거야." 하고 못하게 합니다.

어느 날, 옆집 아기 엄마가 달려왔습니다.

손이 닿지 않을 거라고 생각하고 화장대에 둔 면도칼을 어떻게 잡은 건지 아기가 쥐고선 놓지 않는다는 것입니다. 아기는 피가 줄줄 흐르는 손을 보며 울고 있었습니다.

아마 엄마가 당황하는 모습을 보고 스스로도 무서워져서 손가락을 펼 수 없게 된 것일 테죠. 손은 점점 더 경직되어서 단단히 칼을 쥐고 있었습니다. 이렇게 되면 손 쓸 도리가 없습니다. 아기는 아직 아픔에도 둔감하고 단순하니까 다른 물건을 반대편 손

아기가 이미 위험한 행동을 한 후에는 혼내거나 겁을 주지 않는다

에 주고 그 위에 손을 덮어 단단히 쥐게 한 후 눈앞에서 멀어지게 했습니다. 아기는 주로 쓰는 손, 면도칼을 잡은 손으로 그것을 잡으려 했습니다.

이 무렵에 주로 쓰는 손이 결정되는 아기도 있으니까 이 아기도 주로 쓰는 손으로 면도칼을 잡고 있었습니다. 다른 물건으로 흥미가 옮겨가면 주로 쓰는 손으로 확인하려 하지요. 어느 샌가 면도칼은 손에서 떨어져 있었습니다.

이 경우의 교훈이라면, 위험한 일이 생긴 후에는 그 이상 위험한 일이 일어나지 않게 엄마가 먼저 침착해야 한다는 것입니다.

그리고 위험을 처리한 후에는 혼내지 않아야 합니다.

"저걸 만지면 안 되잖아!" "왜 만졌니!" 같은 말을 소 잃고 외양간 고치는 격으로 구구절절 말해봤자 소용없습니다. 아기는 충분히 벌을 받았습니다. 만지면 안 된다고 미리 금지했던 일로 문제가 발생했다면, 아기는 엄마가 금지한 이유를 몸으로 깨달았을 겁니다. 결코 "또 만지면 다치게 될 거야"라며 협박하지 마세요.

어떤 물건이든 쓸 때는 위험하지 않은 방식으로 이용하는 겁니

금지 사항을 세 번 저지르면
엉덩이를 때려준다

다. 칼은 날을 만지지 않고, 뜨거운 다리미는 손잡이만 만져야
한다는 것을 알게 될 겁니다.

금지 사항은 앞으로 계속 바뀔 거예요. 현재 아기가 절대 하면
안 되는 것을 생각해서 못 하게 하고, 설령 위험한 일이 일어나지
않았다 해도 금기를 어겼다면 혼냅니다. 금지 사항을 세 번 어기
면 엉덩이를 때립니다.

③ 동작이 굼떠도 아기의 자존감을 지켜주세요
── 인격 존중

걷기 시작한 아기는 갑자기 모든 것을 해보고 싶어 합니다. 엄
마가 보면 절대 할 수 없는 일인데도 스스로 하고 싶어 하지요.

아기의 반응은 아주 느립니다. 가만히 바라봐주세요.

엄마가 하는 게 더 빠르니까 초조함을 느낄 수 있지만 손을 내
밀어 도와주는 건 좋지 않습니다. 아기가 하고 싶어 한 일은 하
고 싶어 한 대로 시켜주세요.

다만 시간적 여유가 없을 때는 시키지 않습니다. 단추 잠그기

아기가 하고 싶어 하는 일이라면 시간이 걸리더라도 마음껏 하게 둔다

도, 양말 신기도, 수업 시간이 충분할 때 시키세요. 서둘러야 할 때는 시키지 않도록 합니다.

집에 돌아와서 시간이 많을 때는 스스로 양말을 벗고 목욕한 후에 스스로 신게 합니다. **스스로 하고자 하는 아기의 마음을 소중히 여기세요.** 엄마가 초조해져서 "그렇게 느릿느릿 입으면 추워서 감기 걸려." 같이 아기가 하려는 일과 아무 관계없는 말을 하며 대신 해주면 안 됩니다.

아기가 좀처럼 하지 못하고 짜증을 부리기까지 기다리든지, 도저히 기다릴 수 없을 때는 **"오늘은 꽤 잘했네. 다음에 또 천천히 연습하자. 엄마가 조금만 도와줄게"**라고 말하며 마치 아기가 스스로 하는 것처럼 손을 잡고 같이 하세요.

대신 해주면 당연히 빠르지만 평소에는 도와주면 안 된다고 엄마도 마음속으로 되새기세요.

단추 잠그기나 양말 신기처럼 요령을 알게 되면 간단히 할 수 있는 일은 아기가 짜증 내기 전에 손을 써서 "자, 이렇게 하면 하기 쉬워." 하고 말하며 도와줍니다. 바로 다시 풀어서 아기가 손가락을 쓰기 쉽게 해준 후 해보게 합니다.

단추 끼우기나 양말 신기는 아기 등 뒤에서 알려주지 않으면 좌우가 역전된다

이때 **중요한 것은 모범을 보여준 것과 같은 대상으로 시켜보는 것**입니다. 모처럼 단추 하나를 끼웠으니까 다른 걸 끼우게 하면 빨리 끝나겠지, 한쪽 신발을 신겼으니까 다른 쪽을 신게 하면 되겠지, 같은 생각은 버립시다.

끼운 단추를 풀고 신긴 신발을 벗겨서 다시 한 번 시범과 같은 동작으로 시켜봅니다. 단추는 보이는 위치가 다르고 신발은 좌우가 다르기 때문이지요.

이런 차이는 아기에게 완전히 별개의 일처럼 다릅니다.

복습은 같은 대상으로 합니다. 윗도리 맨 위 단추 잠그기처럼 어른이 해도 어려운 부분까지 오면 **"여긴 어려우니까 엄마가 해줄게." "여기는 좀 더 커야 할 수 있으니까 안 해도 괜찮아"**라고 말해주세요. 이제껏 악전고투를 한 후라 순순히 포기합니다.

짜증 내면서도 어려운 일에 도전하는 것은 자기가 하고 싶은 일이니까 가능한 것입니다. 충분히 이해할 수 있도록 시간을 들여 하게 해봅니다.

다만 아기는 하지 못하면 짜증 내며 내팽개치고 울기 시작합니다. 아기가 어떻게 동작을 끝낼지는 저마다 다릅니다. 이때 "그러니까 엄마가 해준다니까." "넌 아직 못 해." "이거 봐, 몸이 완전

히 차가워졌잖아." 같은 말로 혼내지 마세요. 아기는 모처럼 '의욕'을 냈지만 기술 부족으로 포기한 것입니다.

이 이상 자존감(pride)을 상처 입히지 마세요.
"봐, 이렇게 하면 할 수 있었네." "맞아, 이건 좀 어려워." "다음
에 또 해보자"라고 다정하게 말하며 하는 법을 꼼꼼히 보여줍니
다.
저는 아기 등 뒤에 서서 단추를 채워주었습니다.
어떤 일이든 아기와 같은 방향에서 하는 것도 가르치는 한 방
법입니다(업기를 추천하는 이유이기도 하지요). 마주보고 가르치
면 아기의 시선에서는 달리 보이게 됩니다.

＊ 아기에게도 엄연히 인격이 있습니다.

④ 같은 것과 다른 것을 구별하는 것이 숫자교육의 시작이다
── 1과 2의 차이

말을 따라하기 시작하면 아기가 "와─"라고 했을 때 "와─"라고 흉내 냅시다.

한 번 "와─"라고 하면 엄마도 한 번 "와─"라고 합니다.

아기가 "와─" "와─"라고 두 번 이어서 말하면 "와─" "와─" 하고 두 번 연속으로 흉내 냅니다. 반대로 엄마가 두 번 말하면 아기도 두 번 반복하는 식으로, 아기가 들은 대로 흉내 낼 수 있게 몇 번 반복합니다.

이렇게 하면 아기는 1과 2의 차이를 알게 됩니다. 이제 막 흉내 내기를 시작한 무렵이라면 하나와 둘의 차이를 아는 정도로 충분합니다. 1, 2와 그보다 많음의 차이를 알면 되지요. "와와와와와"처럼 몇 번 연속으로 말했을 때 비슷하게 흉내 내면 됩니다.

하나, 둘을 말하지 못할 때부터 숫자교육을 시작합니다.

같은 눈을 손가락으로 하나, 하나라고 가리킨 후 아기가 한쪽 눈을 가리키면 비로소 "또 하나는?" 하고 물어봅니다. 같아 보이

아기가 "와와"라고 말하면 "와와"라고 흉내 내준다

는 것에도 '하나'와 '또 하나'가 있다는 것을 가르치는 것이죠.

이것은 **하나, 둘을 가르치는 것보다 더 중요**합니다. **같은 것을 하나, 또 하나로 세는 법(수와 단위)**을 익히는 것이니까요.

1, 2, 3, 4라고 숫자를 말할 수 있는 것보다 **같은 것이 하나, 또 하나 있다는 것을 아는 것**이 지능 수준이 높은 것입니다.

엄마가 말한 만큼의 횟수를 흉내 낼 수 있게 되면, 아기가 알든 모르든 "와, 와"나 "파, 파"라고 말하며 오른쪽 손가락과 왼쪽 손가락을 하나씩 펴보입니다.

같은 손가락으로 눈을 한쪽씩 가리키며 "눈, 눈." "눈 하나, 눈 하나"라고 말합니다. 합쳐서 2라는 것을 가르치는 것은 좀 더 나중 일입니다.

계단을 오르내릴 때도, 업고 걸을 때도 "1, 2, 1, 2." 하며 리듬을 붙입니다. 같은 것은 하나, 리듬을 붙여 1, 2를 몇 번 반복하는 동안 아기는 하나와 하나, 그리고 1, 2가 어떤 관계에 있는지 알게 됩니다.

아기 양손에 "하나" "하나"라고 말하며 과자를 들려줍니다. 그런 후 "하나 주세요"라고 말하고 '하나'를 가져갑니다. **아기가 자신의 머리로 분석하고 분류**하게 하는 겁니다.

아기를 업은 채로
"1, 2, 1, 2." 하며
리듬에 맞춰 걷는다

　옷을 입힐 때도 **"단추가 하나, 둘. 하나, 둘. 많이 있네."** 하고 말하고, 신발을 신길 때도 "이 발에 신발 하나, 이 발에 하나"라고 말하도록 합니다.

　장소를 바꾸거나 시간을 달리 해서 2를 가르칩니다. 예를 들면, 신발을 벗을 때 **"두 발 다 잘 벗어 봐"**라고 하는 식으로요. 절대 1, 2, 3, 4를 숫자로만 가르치지 않도록 주의합니다.

　엄마가 '개'라고 하고 고양이를 가리키지 않으면 아기는 이윽고 어떤 모양을 했든 '개는 개'라고 분류할 수 있게 됩니다.

　그러니까 숫자도 '수'를 말할 수 있게 되는 것보다 **숫자로 나타내는 물체의 본질(수에는 단위가 붙어 있다는 것)을 알게 하는 것**입니다. '사과가 두 개, 귤이 두 개'라는 것은 어쨌거나 다른 종류의 물체가 두 개씩 있다는 뜻이지요.

* 1과 2의 차이를 익히는 것은 언어를 쓰지 않을 때 시작합니다.

⑤ 똑같이 길러도 개성은 나타난다
── 아이를 관찰하자

아기가 걷기 시작하면 특히 더 신경 써야 하는 일이 있습니다. 시계든 달력이든 숫자는 **모두 아라비아 숫자를 쓰도록** 하세요.

수를 셀 때는 하나, 둘, 하면서 '하나둘 단위'를 쓰고, 그 다음에는 많음, 잔뜩을 써도 되지만, 시계를 보여주며 "어머, 벌써 3시네. 간식 먹을까?"라고 말하거나 밖에서 간판을 보고 "○○빵 가게는 전화번호가 ○○58-5263"이라고 읽어서 숫자도 다른 낱말과 마찬가지로 그냥 읽어줍시다.

아기는 빵 가게라는 단어의 빵과 먹는 빵을 관련지어 이해하게 되는 것처럼, ○○58의 '5'와 5263의 '5'는 같은 글자이고 '3'은 어쩐지 '3'은 3시의 '3'과 같은 글자인 것 같다고 관련지어 갑니다.

또, 달력을 자주 보여주면 아기는 그 안에서 법칙성을 발견하기도 합니다. **엄마 마음대로 이 무렵의 아기는 아직 모른다고 결론 내려서는 안 됩니다.**

첫째 아들은 가게 간판 보기를 좋아했습니다.

첫째 아들은 '우리 슈퍼'의 '우'와 '우유'의 '우'가 같다는 것을 발견했다!

　업고서 간판을 읽어주는 동안 같은 글자는 같은 발음으로 읽는다는 것을 깨달은 것이 **막 걷기 시작할 무렵이었습니다.**

　공중목욕탕 안의 미니 마트 진열대 앞에서 '우유'라고 씌어 있는 안내판을 가리키며 아이가 "우, 우." 하고 말했습니다. 처음에 저는 무슨 뜻인지 모르고 "응, 여긴 음료수 파는 곳이야. 나중에 목욕하고 나와서 마시자." 하고 일단 말해주었지요. 집으로 가는 길에 평소처럼 간판을 읽어주다가 '우리 슈퍼'라는 큰 글자를 보고　아이가 또 "우, 우." 하고 말했습니다. 그때야 퍼뜩 깨달았지요.

　첫째 아들은 이런 식으로 머릿속에서 같은 모양 글자들을 분류해서 같게 발음한다는 것을 알았습니다.

　붙잡고 가르치진 않았지만 첫째 아들은 글자를 스스로 일찌감치 깨우쳤지요.

　둘째는 업고 다닐 무렵부터 달력보기를 좋아했습니다. 달력 앞에 서면 지그시 바라보며 얌전하게 있었지요. 자기 눈높이에서 달력을 보면 밑에서 올려다보는 것과는 다르게 보여서 그러는 거라고 해석했습니다. 하지만 아이의 머릿속에서는 숫자의 자리매김이 새겨지고 있던 것이지요.

둘째 아들은 달력
을 질리지도 않고
들여다보곤 했다

숫자가 0에서 9까지 있다는 것, 그 숫자들을 다양하게 조합할 수 있다는 것을 달력을 보는 것만으로 알게 된 것입니다.

수 개념 교육을 시작한 것이 발판이 되어 수학 센스가 폭발적으로 자라기 시작했지만, 그때까지 저는 달력의 매력이 어디 있는 건지 알지 못했습니다. 아이가 **'무한대'를 이해한 것은 세 살 무렵**이었습니다.

아기를 똑같이 기르고 똑같이 자극해도, 저희 집의 경우에는 처음에 강하게 끌린 것이 무엇이었냐에 따라 큰 차이가 발생했습니다. 첫째는 문과, 둘째는 이과형 인간으로 자랐지요.

물론, 육아를 계속해가면서 잘 못하는 것도 제대로 해낼 수 있는 만능선수형으로 자라게 할 수 있습니다.

* 사소한 일로 장래에 어떻게 자랄지가 바뀝니다. 엄마에게는 사소한 일도 놓치지 않는 관찰력이 필요합니다.

⑥ 늦잠꾸러기 엄마여도 일찍 일어나는 아이로 키울 수 있다
—— 생활 양식 바꾸기

육아를 할 때는 **규칙적인 일정을 짜고, 무계획적인 생활은 하지 않도록** 합시다.

아기가 밤에는 자고 낮에는 활동하는 인간 사회에 맞게 생활하기 시작하면 최대한 노력해서 매일 일정한 시간표대로 생활하도록 하세요.

저는 아침잠이 많은 편이어서 아무리 노력해도 이른 아침에는 행동이 굼뜨고 움직이는 것이 괴로웠습니다.

그래서 저의 시간표는 아침 늦게 시작됐습니다. 아이들과 함께 아침잠을 잤지요. 옆에서 쿨쿨 자는 엄마와 함께 아이들도 늑장 부리며 자게 된 것은 돌 무렵이었습니다. 아침 일찍 일어나던 아이들도 엄마가 잘 돌봐주지 않다는 것을 느끼고는 아침에는 활동이 느려졌고 서서히 아침잠을 자게 된 거예요.

그 덕분에 첫째 아들은 낮잠을 즐기지 않는 분주한 아이가 되어서 낮 동안 육아는 힘들어졌지만, 아침잠을 충분히 잤기 때문

필요할 때 아침 일
찍 일어날 수 있는
능력을 길러두면
된다

에 기분 좋게 대응할 수 있었지요.

아무리 아기를 위해서라고는 해도 **엄마의 생리적인 체질을 교정해갈 필요는 없다는 겁니다.**

엄마도 사람이지요. 아기는 엄마를 흉내 내기 때문에 금방 들통날 '연기'를 해봤자 아기는 혼란스러워지고 불신감을 품게 될 뿐입니다.

하지만 아기가 흉내 내지 않았으면 하는 일이라면 엄마도 노력해서 계속 '연기'를 하며 아기를 키워가야겠지요.

물론 어려운 일이지만 주의하면 사고방식이나 몸을 움직이는 방식이 부모를 닮지 않은 아이로 키울 수 있습니다. 엄마가 육아 중 생기는 일에 어떻게 대처해가느냐에 따라 청출어람은 가능해집니다.

저와는 체질이 다른 첫째 아들이 엄마에게 맞춰서 함께 아침잠을 잤던 것은 돌 때까지, 혼자 걷기를 할 무렵까지였습니다. 아침에 일어났을 때 몸 상태가 좋은 아이다보니, 아침에는 자는 엄마 옆에서 혼자 놀게 되었습니다.

저와 비슷한 체질이고 저혈압 기질이 있는 둘째 아들은 저보다

더 늦게 일어나서 낮잠이 필요없을 정도였습니다. 아침에는 잘 일어나지 못했지요.

이렇게 저의 체질에 맞춰 시간표를 만들어갔기 때문에 아기도 자연히 저녁형 인간의 일원이 되어서, 밤에만 집에 있는 아빠와 만나 아빠가 주는 자극도 받을 수 있었습니다.

이렇게 기르면 커서 유치원이나 학교에 가야할 때도 아침 일찍 못 일어나는 게 아닌가 걱정이 되기도 할 거예요. 필요한 때에는 아침형 인간으로 전환할 수 있도록 **환경에 적응하는 능력**을 길러 두어야 합니다.

그 능력이 있느냐 없느냐의 문제이지요. 엄마에게 맞춰 잘 수 있다면 스스로의 의지로 아침 일찍 일어날 수도 있게 됩니다.

* 기본적인 생활 양식을 가끔 바꿔주면 적응하기 쉬워집니다. 예를 들어 종종 아침 일찍 일어난다든지, 자는 장소나 침구를 바꾸어보는 것이죠.

한시도 눈을 뗄 수
없는 시기

⑦ 아기에게서 해방되고 싶을 땐
—— 아이를 키우는 일은 나를 키우는 일

더듬더듬 말을 하고 잡고 서기 시작할 무렵부터 엄마는 아기가 깨어 있는 동안에는 한시도 눈을 뗄 수 없습니다.

피해갈 수 없는 아기의 성장과정 중 하나라고 각오하세요. 아기가 울고 있을 때가 안전한 때라는 말이 실감나는 시기입니다.

말하면 시끄럽고 움직이면 쫓아다녀야 하고 조용하면 무슨 일을 저지를지 모르며 섣불리 혼내면 큰 소리로 우는 시기이지요.

부드럽게 타일러도 전혀 듣지 않습니다. 지긋지긋해질 거예요.

이런 때는 육아에 익숙해진 엄마라도 하루 동안 느낀 감정의 기복이 자기도 모르게 겉으로 드러나고 말지요.

이때가 엄마의 정신수양이 가장 필요한 시기입니다.

아이를 키우는 시기는 자기 자신도 키우기 좋은 시간입니다. **아이 키우기는 바로 나를 키우기**이기도 한 거예요.

아이는 시련의 나날을 줍니다. 이 기간을 줄일 수는 있지만 절대 없앨 수는 없습니다.

아기는 스스로 움직이고 다른 것을 움직이게 하는 법을 재빨

'입을 열면 시끄럽고' '혼내면 대성통곡' 육아가 지긋지긋해질 때도 있다

리 배웁니다. 살아가기 위해서이지요.

사고력이라고 하면 좀 거창하지요. 그래도 아직 머리가 좋진 않기 때문에 사태를 종합적으로 생각할 수는 없습니다.

저희 아들들은 제 훈련 덕택에 첫째는 10개월 때, 둘째는 7개월이 지났을 때부터 걷기 시작했습니다. 곧잘 말했고 기저귀도 낮에는 거의 하지 않고 보냈습니다. 이렇게 발육이 빠르고 조숙하니 자랑할 만한 아이들이라고 해야 할 테지만, 종종 말도 안 되는 주장을 하는 시기가 있었습니다.

하지만 이 시기는 한달이 채 되기도 전에 끝났습니다.

그때까지 쌓아온 엄마와 아이의 관계 속에서 **엄마의 명령은 절대적**이라는 것을 철저히 가르쳤기 때문이지요. 엄마 말을 들으면 즐겁게 지낼 수 있다는 것을요.

원래 아기는 어떤 엄마든 엄마에게 매달리지 않으면 살아갈 수 없습니다. 본능적으로 엄마 말을 듣게 되어 있지요.

하지만 유아기는 순순히 말을 따르지 않게 되는 싹이 나는 시기이기도 합니다. 오랫동안 부모가 하는 말을 잘 듣게 하려면 다양한 요소가 필요합니다.

엄마의 말을 잘 따
르면 기분 좋게 지
낼 수 있다는 것을
기억시킨다

우선 부모의 말을 따르면 즐겁다는 것을 알려준다.

말하는 대로 하면 보상을 준다.

금지된 일은 언제나 금지된 일이다.

부모가 하는 말에는 '부탁'과 '금지'라는 강약이 있다.

아기가 했으면 하는 일은 아기가 하고 싶어지도록 만들고, 아기
가 자발적으로 한 것처럼 생각하게 한다.

아기를 키우고 있으면 엄마 뇌의 전두전야는 커집니다. 늘 아기
를 생각하고 행동하고 운동하기 때문이지요.

아기의 뇌를 키우는 일이 바로 엄마의 뇌를 키우는 일이랍니다.

어렵고 힘든 일이 많이 있지만 **아이에게 엄마는 무엇과도 바꿀
수 없는 세상에 단 하나뿐인 존재입니다.**

육아만큼 멋지고 창조적인 일은 없습니다.

부디 즐기며 해나가세요.

힘들 때는 이 책을 몇 번이고 다시 읽어보세요.

언제나 응원하고 있습니다.

옮기고 나서

이 책의 원서 제목은 〈아기 교육〉입니다. 아기에게 교육이라니? 사교육 열풍에 거부감을 갖고 있는 부모라면 자기도 모르게 인상이 찌푸려질지도 모르겠습니다. 저 역시 처음에는 고개를 갸웃했습니다. 책을 읽어보고는 허를 찔린 느낌이었지요.

어쩌면 이 책에서 알려주는 육아법은 완전히 새로운 것은 없다고도 할 수 있을지 모릅니다. 신생아를 돌보면서 아기 몸을 어깨부터 발끝까지 마사지해주는 이른바 '쭉쭉'을 한 번도 해보지 않은 양육자는 없을 것입니다. 할머니들이 하는 것을 흉내 낸 걸 수도 있고, 아기가 찌뿌둥해 보이니까 본능적으로 주물러주었을 수도 있지요. 아기를 업거나 안으면서 노래를 흥얼거리지 않는 부모도 별로 없을 겁니다. 그런 때는 오히려 노래를 참는 게 더 힘드니까요.

저자는 뇌과학 연구 성과에 근거해서, 부모들이 자기도 모르게 하고 있는 아기 돌보기 기술들을 체계적인 육아법으로 정리해 제시합니다. 가요코 식 육아법을 실시하기 위해서는 세심한 관찰력과 끈기 있는 정성이 필요합니다. 저자도 말하듯 이 책의 육아법은 양육자가 고생하는 육아법입니다. 다만 저자는 그 고생이 절대 헛되지 않을 것이라는 확신을 가지고 있습니다.

매일 반복되는 목욕 시간, 나도 모르게 아기를 다루는 손길이 거칠어질 때도, 지친 나머지 아기를 향한 다정한 말이 입 밖으로 나오지 않을 때도 가요코 할머니의 충고는 피로한 어깨를 두드려주는 위로의 손길이 됩니다. 지금의 고생은 결코 헛된 것이 아니야, 엄마의 정성스러운 보살핌이 밑거름이 되면 아기는 훌륭하게 크기 마련이야, 하고 말이죠. 아기의 성장, 그것이 바로 아기가 엄마에게 들려주는 "전 괜찮아요, 엄마는 잘하고 있어요"라는 말이 아닐까요?

이 책 번역을 마칠 즈음 저는 막내아들을 낳아서 삼형제의 엄마가 되었습니다. 세 번째 신생아 육아인데도 잘하고 있다는 확신은 좀처럼 들지 않습니다. 오히려 무언가 잘못하고 있는 게 아닐까 걱정이 앞섭니다. 아기는 너무나 사랑스럽고 소중한 존재이지만 하루도 빠짐없이 아기의 일거수일투족에 신경을 곤두세우고 있으면, 마치 어두운 방안에 아기와 단 둘이 남겨진 기분이 드는 날도 있고요. 그럴 때 육아 경험이 풍부하고 박식한 이웃 할머니가 손을 잡아주듯 이 책이 나에게 말을 걸어주고 등을 두드려주었습니다.

신생아 육아라는 인생의 가장 큰 기쁨이자 고비를 넘기고 있을 어머니들이 저와 같이 이 책에서 격려와 위로, 무엇보다 실질적인 도움을 얻게 되길 바랍니다. 또한 그러한 어머니들 밑에서 자란 아이들이 밝고 현명한 어른으로 자라나길 기원합니다. – 송지현

구보타 기소

교토대학 명예교수, 의학 박사. 1932년 오사카에서 태어나 1957년 도쿄대학 의학부를 졸업한 후 동 대학원에 진학했습니다. 당시 뇌 연구의 일인자였던 도키자네 도시히코 교수 밑에서 뇌신경생리학을 배웠습니다. 대학원 진학 후 3년째 되던 해 미국으로 유학을 떠나, 오리곤주립의학대학 J. M. 브룩하르트 교수 밑에서 최첨단 뇌과학 연구에 종사했습니다.

귀국 후 도쿄대학대학원을 거쳐 1967년 교토대학 영장류연구소 신경생리연구부문 조교수가 되었습니다. 1973년 교수로 취임하며 동 연구소 소장으로 재직했습니다. 1996년 정년퇴임 후 동 대학 명예교수로 추대되었습니다. 일본복지대학 정보사회학부문 교수, 동 대학원 교수를 역임한 후 2007년 국제의학기술전문학교 부교장에 취임해 현재에 이르고 있습니다. 특정의료법인대도회 모리노미야병원 고문, 히타치제작소 중앙연구소 고문, 브레인 사이언스 진흥재단 이사이기도 합니다.

2011년, 사회와 공공에 기여한 사람에게 수여하는 서보중수장을 받았습니다. 새벽 네 시 반에 일어나 일을 시작하는 아침형 인간 생활을 50년 이상 실천해오고 있습니다. 조깅 역시 30년 동안 거르지 않고 해왔습니다. 주요 저서로 『천재의 뇌를 만드는 0세 교육』『천재의 뇌를 키우는 1세 교육』『천재의 뇌를 성장시키는 2세 교육』『천재의 뇌를 단련하는 3·4·5세 교육』『당신의 뇌 90%가 바뀌는 아침 생활』(모두 국내 미출간) 등이 있습니다.

구보타 가요코

1932년 오사카에서 태어났습니다. 뇌의학의 권위자인 교토대학 명예교수 구보타 기소의 아내이자 두 아들의 어머니. 첫째 아들은 1급건축사이며 둘째 아들은 도쿄대학에 합격했습니다.

일본의 전통 육아법을 비판적으로 받아들이며, 미국과 일본 두 나라에서 실천해온 출산·육아 경험에 남편 기소의 뇌과학 이론을 접목시킨 0세부터 시작하는 구보타식 육아법, '구보타 메소드'를 확립했습니다. 방송에 출연하며 '뇌과학 아줌마'로 유명세를 탔습니다.

2008년, 주식회사 〈뇌연구공방〉을 설립한 후 대표이사직을 맡고 있으며, 저서로, 25만 부의 판매 실적을 올린 시리즈 『가요코 아줌마의 73마디 말』『가요코 아줌마의 아들 키우는 법』『가요코 아줌마의 우리 아이만 현명하면 괜찮습니다』 등이 있습니다. 클래식 앨범 『가요코 아줌마의 건강한 클래식』 등을 감수했습니다.

직설적인 말투 속에 담긴 따뜻한 충고가 호평을 얻어 강연 의뢰가 전국에서 끊이지 않고 있습니다.

송지현

한국외국어대학교 일본어과를 졸업, 동 대학교 일반대학원 일어일문학과 석사 과정을 수료하였습니다. 2011년 일본으로 가 도쿄대학 대학원 인문사회계연구과(일본문화연구 전공) 석사 학위를 받았습니다. 현재 일본에 머물며 최근 출산한 셋째 아들에게 '아기 교육' 이론을 실천하는 중입니다.

0~1세 아기 교육

– 머리 좋은 아이로 키우는 구보타 할머니의 뇌과학 육아 비법

구보타 기소·구보타 가요코 글 | 송지현 옮김
1판 1쇄 발행 | 2017년 6월 10일 | 1판 3쇄 발행 | 2019년 8월 15일
펴낸이 | 최용선 펴낸곳 | 도서출판 북뱅크
등록 | 제 1999−6호(1999. 5. 3)
주소 | 21453 인천광역시 부평구 백범로 478 종근당빌딩 501호
전화 | (032)434−0174 / 441−0174 팩스 | (032)434−0175
이메일 | bookbank@unitel.co.kr 페이스북 | https://www.facebook.com/bookbankbooks
ISBN 978−89−6635−066−7 03370

이 도서의 국립중앙도서관 출판시도서목록(CIP)은 e−CIP 홈페이지(http://www.nl.go.kr/ecip)와 국가자료공동목록시스템(http://www.nl.go.kr /kolisnet)에서 이용하실 수 있습니다.
(CIP 제어번호 : CIP2017010090)